新时代乡村振兴路径研究书系

基于乡村振兴战略的
旅游资源开发模式研究

唐建兵　万春林／著

西南财经大学出版社
中国·成都

图书在版编目(CIP)数据

基于乡村振兴战略的旅游资源开发模式研究/唐建兵,万春林著.—
成都:西南财经大学出版社,2024.7
ISBN 978-7-5504-5571-9

Ⅰ.①基…　Ⅱ.①唐…②万…　Ⅲ.①乡村旅游—旅游资源开发—
研究—中国　Ⅳ.①F592.3

中国版本图书馆 CIP 数据核字(2022)第 193508 号

基于乡村振兴战略的旅游资源开发模式研究
JIYU XIANGCUN ZHENXING ZHANLÜE DE LÜYOU ZIYUAN KAIFA MOSHI YANJIU

唐建兵　万春林　著

策划编辑:李邓超
责任编辑:杜显钰
责任校对:向小英
封面设计:墨创文化
责任印制:朱曼丽

出版发行	西南财经大学出版社(四川省成都市光华村街 55 号)
网　　址	http://cbs.swufe.edu.cn
电子邮件	bookcj@swufe.edu.cn
邮政编码	610074
电　　话	028-87353785
照　　排	四川胜翔数码印务设计有限公司
印　　刷	郫县犀浦印刷厂
成品尺寸	170 mm×240 mm
印　　张	11
字　　数	142 千字
版　　次	2024 年 7 月第 1 版
印　　次	2024 年 7 月第 1 次印刷
书　　号	ISBN 978-7-5504-5571-9
定　　价	62.00 元

前言

　　乡村是人类的家园。中国传统乡村社会是以乡土为根基、以乡情为纽带的社会。破除城乡二元体制，实现城乡融合发展，是推动我国社会经济可持续发展的重要途径。乡村振兴战略是习近平新时代中国特色社会主义思想的重要组成部分。2017 年，党的十九大报告明确提出要实施乡村振兴战略，坚持农业农村优先发展，按照"产业兴旺、生态宜居、乡风文明、治理有效、生活富裕"的总要求，加快推进农业农村现代化。2021 年 6 月 1 日起，《中华人民共和国乡村振兴促进法》正式施行。

　　乡村旅游是实现乡村振兴的重要路径和方式。乡村旅游与乡村振兴存在着耦合关系，两者在乡土地域范围内构成了协同互促的耦合系统。一方面，乡村振兴是发展乡村旅游的基础，也是发展乡村旅游的最终目标。乡村旅游需要依托乡村资源来发展，而乡村资源的价值体现在乡村振兴的过程中。另一方面，乡村旅游是实现乡村振兴的产业引爆点。乡村旅游为乡村振兴提供了路径选择，有助于在契合乡村振兴战略总要求的前提下丰富乡村业态，促进经济发展、文化传承和生态保护，也有助于加强和改进党的农村基层组织建设和实现乡村有效治理。

正确认识和评价乡村旅游资源是发展乡村旅游的前提条件。进行乡村旅游资源开发，要对乡村现有资源和未开发资源做出科学合理的规划，要将旅游资源转化为旅游产品，从而形成经济价值、社会价值和生态价值。在乡村旅游资源开发过程中，要遵循乡村自身的发展规律和原则，不能背离乡村振兴战略总要求。

成功的乡村旅游资源开发需要有效利用乡村特色资源优势，正确处理利益相关者之间的关系，消除乡村旅游发展过程中的体制机制障碍，因地制宜地出台适宜的政策激励措施，在环城市资源、邻近景区、特色产业、历史文化、民风民俗、创意体验、科技引导等方面寻找契机，创新乡村旅游发展模式，形成乡村主题化、体验生活化、农业现代化、业态多元化、村镇景区化、农民多业化、资源产品化等8大新态势，提升人民生活满意度和幸福指数，助力实现乡村振兴。

本书通过分析乡村振兴战略与乡村旅游发展的历史脉络与耦合关系，在乡村旅游资源评价的基础上，对国内外乡村振兴实践及我国乡村旅游资源主要开发模式进行总结，提炼出精准扶贫背景下的乡村旅游资源开发模式（6种）和乡村振兴战略背景下的乡村旅游资源开发模式（9种），以期在巩固拓展脱贫攻坚成果、全面推进乡村振兴的今天，帮助各地乡村在解决痛点、寻求创新的过程中，找到适合自己的、独特的、可持续的乡村旅游资源开发模式。

作者

2024 年 1 月

目录

1 乡村振兴战略概述

  党的十九大报告提出，要实施乡村振兴这一重大战略，其中"产业兴旺、生态宜居、乡风文明、治理有效、生活富裕"是总要求。乡村振兴战略是习近平新时代中国特色社会主义思想的重要组成部分。纵观我国乡村发展的历史，城乡二元经济结构在古代封建社会就已经存在，具体表现为专制统治的城市与被专制统治的乡村之间的政治对立。中华人民共和国成立以后，工业化和城镇化的发展导致城乡差距进一步拉大。改革开放以后，虽然城乡差距不断缩小，但城乡发展不平衡的问题依然存在，"三农"工作成为全面建设社会主义现代化国家的重要组成部分。习近平总书记在中央农村工作会议上指出："脱贫攻坚取得胜利后，要全面推进乡村振兴，这是'三农'工作重心的历史性转移。"习近平总书记在全国脱贫攻坚总结表彰大会上的讲话中进一步强调："坚持把解决好'三农'问题作为全党工作重中之重，坚持农业农村优先发展，走中国特色社会主义乡村振兴道路。"全面推进乡村振兴，加快农业农村现代化，事关中华民族伟大复兴战略全局。稳定农业基本盘，筑牢"三农"压舱石，对构建新发展格局、全面建设社会主义现代化国家具有重大而深远的意义。因此，农业农村优先发展，在新时代变得越来越迫切。乡村振兴战略不是凭空产生的，而是在我国乡村发展的历史过程中、在丰富的理论依据的基础上总结出来的，其顺应了促进农业、农村和农民发展的时代潮流。

1.1 乡村振兴战略形成的历史基础

"三农"问题——农业、农村和农民这三个问题，是工业化和城市化的产物。与现代工业相比，传统农业是弱势产业；与繁华的城市相比，农村是相对落后的区域；与知识分子和技术工人相比，农民是未经过社会化大生产洗礼、缺乏先进生产技能的群体。在全面建设社会主义现代化国家、向第二个百年奋斗目标进军的新征程上，我们要解决"三农"问题，就需要加强战略谋划和顶层设计。因此，乡村振兴战略赋予了农业、农村和农民发展更多的建构性、国家性和社会性特色。

为了更加准确地把握乡村振兴战略的要义，我们需要站在历史发展的长河中，对我国乡村发展的历史进行梳理。中华人民共和国成立至今，乡村发展经历了多次变革，走过了四个重要阶段。

1.1.1 第一阶段：城乡二元经济体制全面形成时期

这一阶段主要指中华人民共和国成立后至改革开放前。中华人民共和国在成立初期面临国内与国际的双重压力，主要任务是巩固新生的人民政权与恢复国民经济。在恢复国民经济方面，我国主要采取以下两方面的措施：一是公布施行《中华人民共和国土地改革法》，实行土地改革与发展劳动互助组织，这在一定程度上解放了农业农村生产力；二是恢复国内工业生产，这是国民经济恢复时期城市工作的重点内容。但是，城市工业的发展占用了大量的人力、物力与财力，以及资源要素的有限性、资源要素分配偏重城市的倾向性致使工业产值增速与农业产值增速极不匹配。1952 年与 1949 年相比，国内工业总产值增长 145%，农业总产值增长 48.5%，工业总产值增长率是农业总产值增长率的近 3 倍。

恢复国民经济后，我国逐步确立了重工业优先和城市优先的发展战略。这一战略奠定了我国工业化的基础，同时给"三农"问题的形成埋下了伏笔。现代化是以工业化和城镇化为核心的，其改变了城市的性质，打破了城乡之间的平衡，所带来的一个重要后果便是城乡差距扩大。从 1953 年开始，我国推行粮食"统购统销"制度，实现农产品完全由国家掌控，旨在缓和粮食供求矛盾；同时，通过调控农产品价格形成工农业产品价格"剪刀差"。粮食"统购统销"制度延续近 40 年。资料显示，从 1953 年 10 月起，至改革开放前夕，通过"统购统销"，农民为工业化无偿提供了 6 000 亿元左右的资金。但这违背了市场发展规律，抑制了农民的生产积极性，阻碍了农村的发展。20 世纪 50 年代，农业合作化的完成使农村土地由农民个体所有转变为合作社集体所有，解决了土地公有的问题，有利于合理规划土地利用、推进农田水利基本建设、改善农业生产条件。广大农村普遍建立起劳动群众集体所有制经济，这奠定了我国农村社会主义建设的制度基础，开启了农村社会主义建设的新的历史时期。1958 年兴起的人民公社化运动，将农村经济组织和政权组织合二为一，形成高度集权的人民公社体制，从而对农村和农民实行严格的管理。总体来看，农业合作化与人民公社化运动最初是以提高粮食产量为出发点的，但最终并没有大幅提高粮食产量。此外，国家实行粮食"统购统销"政策，大量补贴工业和城市，从而导致农村和农民处于相对贫困状态，城乡二元经济结构下的矛盾加剧。1958 年，我国建立了户籍制度，进一步固化了城乡二元经济结构。城乡二元经济结构使得城市产业集群程度显著高于乡村产业集群程度；不合理的资源要素配置也使得农业的分工效益被工业吸纳，助长了地方保护意识，阻碍了社会的整合与良性运行。

1.1.2 第二阶段：改革开放初期

这一阶段主要指改革开放后至 20 世纪末。改革开放以来，实行家庭联产承包责任制、发展乡镇企业、推行村民自治等伟大创举在一定程度上缓解了"三农"问题。其中，以家庭联产承包责任制的历史意义最为重大。1982 年的中央一号文件指出，包括包产到户、包干到户在内的各种责任制都是社会主义集体经济的生产责任制；1983 年的中央一号文件进一步从理论上说明了家庭联产承包责任制是在党的领导下中国农民的伟大创造，是马克思主义农业合作化理论在我国实践中的新发展。1982—1986 年，中央连续 5 年发布以农业、农村、农民为主题的中央一号文件，高度重视农业、农村和农民问题。家庭联产承包责任制实现了土地所有权与经营权的分离，赋予了农民对土地的经营权，充分调动了农民的生产积极性，提高了农业生产效率，为农业和农村的发展奠定了坚实的基础。

在这一阶段，农村改革给予了农民生产和经营自主权，从而将农民从传统的计划经济体制和人民公社体制中解放出来，极大地调动农民的生产积极性，解决困扰中国人民多年的吃饭问题，并在党的十六大以后带来中国农村发展的"黄金十年"。随着家庭联产承包责任制的有效推行，农民的生活水平逐步提升，农业生产力也得以提高，农村富余劳动力从而出现，并逐步向城市与工业部门转移。1989 年，中国第一次出现大规模的农民工迁徙，并以流向乡镇企业为主。乡镇企业极大地增强了农村集体经济的活力，吸收了大量农村剩余劳动力，促进了农村经济的快速发展及农民生活水平的极大提高，为发展工业和推进现代化提供了动力。1992 年，在邓小平同志南方谈话后，农村富余劳动力开始进城务工，但受到户籍、教育、生活习惯等方面的限制，其社会地位较低。20 世纪末，国际制造业的转移又催生了新生代农民工①，导致大量农村青壮年外出务工。

村民自治推动了农村基层民主法治建设，为中国特色社会主义民主政治建设奠定了良好的基础，产生了较好的示范效应。但是，在城镇化水平不高、未全面实现现代化的时期，农业在国民经济中一直占据较大的比重。因此，从某种程度上讲，农业税关乎着国家的兴衰。改革开放以来，虽然有些地区实行了农业税减免政策，但个别地区的农业税依然很高，农民的负担较重。同时，社会主义市场经济的发展需要完善的社会保障体系来抵御风险。但是，彼时的农村社会保障体系还不健全，农民抵御风险的能力也较弱，由此引发一系列问题。

1.1.3　第三阶段：统筹城乡发展时期

这一阶段主要指 21 世纪初至党的十九大召开以前。党的十六大报告最早提出统筹城乡发展的思想。该报告指出："统筹城乡经济社会发展，建设现代农业，发展农村经济，增加农民收入，是全面建设小康社会的重大任务。"统筹城乡发展的主要目的在于解决"三农"问题、消除城乡二元经济结构。2003 年 10 月，中国共产党第十六届中央委员会第三次全体会议（简称"中共十六届三中全会"）在统筹城乡发展的思想上有了进一步的拓展。中共十六届三中全会明确提出了统筹城乡发展、统筹区域发展、统筹经济社会发展、统筹人与自然和谐发展、统筹国内发展和对外开放的要求。

农耕文明在中华民族历史上占有十分重要的地位。几千年来，农业一直是国家税收的主要来源。2005 年 12 月，十届全国人大常委会第十九次会议高票通过决定，自 2006 年 1 月 1 日起废止《中华人民共和国

---

① 新生代农民工指出生于 20 世纪 80 年代以后，年龄在 16 周岁及以上，在异地以非农就业为主的农业户籍人口。

农业税条例》。2006年2月22日，国家邮政局发行了一张面值80分的纪念邮票，名为"全面取消农业税"，以庆祝中国农业史上这次具有里程碑意义的改革。自此，在我国延续了2 000多年的农业税宣告终结，这不仅使农民负担过重的状况得到根本性改变，而且使我国工业反哺农业的进程得到加快。

除取消农业税外，我国政府还连续出台120多项惠农政策，形成了支农、强农、惠农的良好局面。这些惠农政策包括公益建设、福利提升、保障兜底、保险呵护和培育发展五个方面的内容。

第一，公益建设方面。长期以来，农村基础设施建设不完善，农村公益事业发展滞后。为更好地解决"三农"问题，实现新农村建设目标，政府部门不断增加村级公益事业建设投入，通过创新村级"一事一议"制度来推进农村公益事业发展。

第二，福利提升方面。我国农民的福利由集体化时期的生存型福利及家庭联产承包责任制时期的生活型福利转变为权利型福利。从生存到权利，农民的福利水平不断提高，福利供给模式也在不断变化。

第三，保障兜底方面。我国城乡社会保障事业的发展曾经一度严重失衡。制度设计上的长期忽视导致农村社会保障体系不健全、社会保障水平比较低。进入21世纪后，我国社会保障体系建设驶入快车道。2007年，全国农村地区开始建立最低生活保障制度。但相较于城市，农村地区的社会保障水平低、建设任务重。城乡社会保障事业发展不平衡的问题依然比较突出。

第四，保险呵护方面。进入21世纪后，党和国家开始重视农村社会养老保险建设和农业保险建设等。农村地区既在老龄化速度方面快于城市地区，又在老龄化人口方面多于城市地区，因此，加强农村社会养老保险建设成为当务之急。

第五，培育发展方面。农业是高度依赖自然资源的产业，因此我们要培育农业发展新动能和新优势，要注重培养新型职业农民，定期对农民，尤其是农业经营带头人和生产大户进行有针对性的培训，从而提升农业发展的软实力。可以说，21世纪以来，一系列的惠农政策在一定程度上解决了农村社会存在的问题，但由于政策体系尚不健全，因此政策作用未能完全发挥，而其主要原因是缺乏全局性的战略部署。

党的十八大报告提出，加快完善城乡发展一体化体制机制，着力在城乡规划、基础设施、公共服务等方面推进一体化，促进城乡要素平等交换和公共资源均衡配置，形成以工促农、以城带乡、工农互惠、城乡一体的新型工农、城乡关系。在党的十八大召开以后，党和国家把脱贫攻坚作为第一民生工程，动员全社会积极参与，并于2020年如期打赢了脱贫攻坚战。可以说，脱贫攻坚任务的顺利完成，补齐了发展的短板；支农、强农、惠农政策的实施，拓展了发展的空间。这一阶段的战略方针可以概括为工业反哺农业、城市支持乡村。

1.1.4 第四阶段：乡村振兴战略实施时期

这一阶段主要指党的十九大召开后至今。党的十八大召开后，城乡发展不平衡、不协调的社会结构性矛盾尚未化解，仍然制约农业和农村的进一步发展，致使城市发展动力不足。因此，党的十九大报告提出实施乡村振兴战略，坚持农业农村优先发展，按照产业兴旺、生态宜居、乡风文明、治理有效、生活富裕的总要求，建立健全城乡融合发展和政策体系，加快推进农业农村现代化。这是从时间维度、空间维度和思想维度综合推进乡村发展的新思路，实现了由统筹城乡发展向乡村振兴的战略转变。

在全面建设社会主义现代化国家新征程中，我国如果要真正实现乡村振兴，就必须树立改革创新的思想，牢牢把握农业农村优先发展和消除体制机制障碍两大方面。

第一，在工业化和现代化进程中，国家对城市和乡村、工业和农业实行不同的政策，由此产生了较大的城乡差距，形成了城乡二元经济结构，而"三农"问题的产生及农业农村的落后都是我国当前发展不平衡不充分的体现。对农业和农村来说，我国社会主要矛盾的变化向其提出改革与发展的新要求。改革开放以来，经过几十年的建设，乡村的公共资源配置已经得到显著改善，但现阶段的城乡差距依然较大。因此，坚持农业农村优先发展就要推动公共资源向农村倾斜，这是消除城乡差距的必然举措。

第二，消除体制机制障碍，走城乡融合发展之路。城乡人才流动制度、基本公共服务制度、农村社会保障制度、农村土地及宅基地制度都不同程度地影响着农村的发展。要全面建设社会主义现代化国家，就需要城市和乡村共同发展，两者缺一不可。农村地区的发展为城市的建设打下坚实的基础，而解决"三农"问题则离不开城市的支持，城乡应深度融合、双向互动、互为依存。立足中国乡村发展的现实，乡村振兴在现阶段依然存在一些问题。具体来说，偏远乡村的基础设施建设还有待完善，公共服务水平还有待提高，不同地区的乡村发展不均衡，且发展过程中的区域性问题突出。相较于城市，乡村整体发展水平还不高，这需要通过乡村的内外联动机制和产业融合机制来提升。同时，应消除阻碍乡村振兴的体制机制障碍，形成系统的、全局的和长远的战略部署。基于上述发展现状，在中国特色社会主义进入新时代的背景下，只有不断革新，消除体制机制障碍，才能真正早日实现乡村振兴。

党的十九大报告提出实施乡村振兴战略，强调农业农村农民问题是关系国计民生的根本性问题，必须始终把解决好"三农"问题作为全党工作重中之重。要坚持农业农村优先发展，按照产业兴旺、生态宜居、乡风文明、治理有效、生活富裕的总要求，建立健全城乡融合发展体制机制和政策体系，加快推进农业农村现代化。巩固和完善农村基本经营制度，深化农村土地制度改革，完善承包地"三权"分置制度。保持土地承包关系稳定并长久不变，第二轮土地承包到期后再延长三十年。深化农村集体产权制度改革，保障农民财产权益，壮大集体经济。确保国家粮食安全，把中国人的饭碗牢牢端在自己手中。构建现代农业产业体系、生产体系、经营体系，完善农业支持保护制度，发展多种形式适度规模经营，培育新型农业经营主体，健全农业社会化服务体系，实现小农户和现代农业发展有机衔接。促进农村一二三产业融合发展，支持和鼓励农民就业创业，拓宽增收渠道。加强农村基层基础工作，健全自治、法治、德治相结合的乡村治理体系。培养造就一支懂农业、爱农村、爱农民的"三农"工作队伍。大力推进乡村振兴，并将其提升到战略高度、写入党章，这是党中央着眼于全面建成小康社会、全面建设社会主义现代化国家作出的重大战略决策，是加快农业农村现代化、提升亿万农民获得感与幸福感、巩固党在农村的执政基础和实现中华民族伟大复兴的必然要求，为新时代农业农村改革发展指明了方向、明确了重点。

把乡村振兴战略写入党章，一则说明乡村振兴不是两三年就能实现的，不是一蹴而就的；二则说明乡村振兴的历史背景和重大现实意义。农业农村农民问题是关系国计民生的根本性问题，因此实施乡村振兴战略备受重视。近年来，我国的现代农业建设取得重大进展，乡村振兴实现良好开局。2021年，《中共中央 国务院关于全面推进乡村振兴加快农业农村现代化的意见》《中共中央 国务院关于实现巩固拓展脱贫攻坚成果同乡村振兴有效衔接的意见》《中华人民共和国乡村振兴促进法》等重要政策文件、法律法规发布。2021年2月25日，国家乡村振兴局正式挂牌，乡村振兴工作进入快车道。

党的二十大报告中提出"全面推进乡村振兴"，强调"建设宜居宜业和美乡村"。这是以习近平同志为核心的党中央统筹国内国际两个大局、坚持以中国式现代化全面推进中华民族伟大复兴，对正确处理好工农城乡关系作出的重大战略部署，为新时代新征程全面推进乡村振兴、加快农业农村现代化指明了前进方向。

1.2 乡村振兴战略形成的理论渊源和文化基础

乡村振兴战略是党中央立足新时代农村发展实际，以解决农村发展不平衡不充分问题为目标而提出的，是马克思主义城乡观的最新理论成果，同时是为今后指导"三农"工作所作的决策部署。乡村振兴战略的形成有着一定的理论渊源和文化基础。深入探析乡村振兴战略的形成依据，有助于我们更加深刻地认识到，每一种思想理念都是以前人的思想理念为基石并在时代的发展中逐步形成的。

1.2.1 乡村振兴战略形成的理论渊源

1.2.1.1 马克思、恩格斯的城乡融合思想

城乡关系问题是马克思主义理论体系中的重要组成部分。马克思指出，城乡关系变化是一切社会关系变化的基础。目前，我们党和国家所处的历史方位已经发生了新的重大变化，中国特色社会主义步入了新时代，我国社会主要矛盾也发生了改变，人民日益增长的美好生活需要和不平衡不充分的发展之间的矛盾在农村尤为突出。乡村发展的短板不能成为我国全面建设社会主义现代化国家的制约因素。因此，乡村振兴战略的提出关系我国人民的生活水平，关系我国社会的可持续发展。可以说，马克思、恩格斯的城乡融合思想为乡村振兴战略的提出提供了理论指导。

对于城乡关系的演变，马克思、恩格斯开展了深入的研究和剖析。

他们从辩证唯物主义和历史唯物主义的视角论述了城乡由最初的分离状态逐渐演变为对立状态，最终走向融合状态的变化规律，进一步表明了城乡融合是社会发展的必然趋势。自从城市在人类社会出现以来，城乡关系的演变就存在从城乡对立到城乡融合的内在规律。城乡对立的根本原因就在于社会生产力的发展速度不一致。在早期的人类社会中，农业和工场手工业的发展并没有太大的区别。但是随着工业化的不断推进，社会生产力也随之发展起来，导致社会分工出现了明显的差别，越来越多的劳动力从乡村涌入城市，城乡分离状态开始出现。此后，城乡之间的互补优势慢慢消失，进而导致城乡逐渐走向对立。城乡对立是一个历史范畴，城乡融合则是未来社会的重要特征，这是马克思、恩格斯的城乡融合思想的基本观点。

马克思指出，城乡关系的面貌一改变，整个社会的面貌也会跟着改变。因此，要想促进整个社会健康、有序、可持续发展，首先就要解决城乡对立问题。马克思、恩格斯认为，城乡融合发展是化解此类矛盾的有效方式。他们认为，解决城乡对立问题，一方面，要以社会生产力的发展为切入点，即通过大力发展生产力来为城乡融合发展提供必要的物质基础；另一方面，在社会生产力达到一定程度的条件下，将农业与工场手工业等产业有效结合，并优化结构，实现工农产业的融合发展。通过这两个方面的改善，可以有效解决城乡之间存在的发展不平衡、地位不对等等问题，最终达到城乡融合发展的目的。

我国城乡之间呈现分离状态和对立状态的一个重要原因是，我国长期存在城乡二元经济结构。针对城乡结构不合理这个长期难以破解的难题及乡村的发展形势，党的十九大报告中提出了实施乡村振兴战略。这一战略准确定位了中国的城乡关系和融合发展趋势。可见，马克思、恩格斯的城乡融合思想为我国全面振兴乡村提供了理论基础，对我国乡村振兴战略的形成有着深远的影响。

1.2.1.2 列宁的城乡关系思想

连年的战争使得俄国无论是在政治方面还是在经济方面都遭受了前所未有的重创。在思考如何建设俄国、如何重振俄国国民经济等问题时，列宁把目光聚焦到如何缩小城乡之间的差距上。列宁立足俄国的发展实际，继承和发展了马克思、恩格斯的城乡融合思想，提出了符合俄国国情的城乡关系思想。

在俄国人民反对外国武装干涉和平定反革命武装叛乱的斗争基本结束后，苏维埃政权面临的最根本的任务是在经济文化落后的俄国建设社会主义，列宁为此进行了艰苦探索。生产力的快速发展让机器生产变得更为广泛，进而使得商品经济迅速发展起来。一段时间后，城乡之间、工农业之间开始呈现出分离状态，城市和工业消耗乡村和农业的局面进而出现，这导致城乡之间的各类要素不对等、城市与乡村的发展出现两极分化。种种因素使得城乡逐渐对立、城乡之间的差距变得越来越大。因此，列宁认为，在资本主义经济快速发展的时代，城市逐渐凌驾于农村之上，并慢慢居于统治地位。他指出，城乡分离、城乡对立、城市剥削乡村是"商业财富"优于"土地财富"的必然产物，也是资本主义经济快速发展的必然产物。

列宁提出全力发展电气化，以此来解决城乡对立问题和缩小城乡差距。他认为，城乡融合是改变城乡对立状态的重要举措，因此应该大力发展生产力，为城乡关系从对立走向融合提供坚实的物质基础。生产力的提高则意味着要在全国范围内大力推广电气化技术的应用。列宁提出了共产主义是苏维埃政权加上全国电气化的观点。列宁认为电气化技术的发展与推广可以使俄国的生产力变得更加发达，会使俄国的国民经济水平实现质的飞跃，由此让俄国走上繁荣发展的道路。列宁还指出，在利用电气化技术发展生产力的同时，要平衡城市与乡村、工业与农业的发展，即不能以牺牲一方为前提去发展另一方，而要将城市与乡村、工业与农业紧密地联系起来，实现俄国社会的健康可持续发展。

1.2.1.3　中国共产党历届中央领导集体的"三农"思想

先进的生产力是推动社会发展的决定性力量，也是推动城乡差距逐渐缩小的根本动力。自中华人民共和国成立以来，党的历届中央领导集体都积极推进国家现代化，尤其是农业现代化。农业现代化是国家现代化的基础和支撑。我们党立足基本国情和农情，围绕基层组织建设、经营制度创新、供给侧结构性改革、科技兴农等方面进行了一系列探索，深化了对农村生产力发展问题的认识，进而加大了实现缩小城乡差距这一目标的力度。

以毛泽东同志为核心的党的第一代中央领导集体，在总结抗日战争时期的历史经验的基础上，立足中华人民共和国刚成立的时代背景，结合当时的具体实际，对农业农村农民的发展问题作出深刻的理论研究和重要论述。中华人民共和国的成立是中国人民抛头颅洒热血、历经艰苦奋斗而得来的。其中，农民功不可没，如著名哲学家、社会活动家梁漱溟先生就认为，中国共产党依靠农民以乡村为根据地取得了政权。可以说中华人民共和国的成立来之不易，这也让毛泽东同志深刻地认识到农业的发展对一个国家的国防安全起着多么重要的作用。古话说："兵马未动，粮草先行。"农业的发展不仅解决了人民群众的温饱问题，也为我国国防事业的发展提供了充足的后备力量。同样，农业与工业休戚相关：农业为工业提供市场、资金、劳动力，工业则为农业提供生产器材。毛泽东同志还发现了当时我国农业发展面临的现实问题。中华人民共和国成立之初，我国各方面的发展面临白手起家的困境。例如，经济的发展还停留在"小农经济"阶段。"小农经济"因经营规模小、难以扩大再生产而使得发展停滞不前。毛泽东同志指出，要通过走集体化的道路来实现农业生产力的提高。

以邓小平同志为核心的党的第二代中央领导集体始终关注农民问

题，在领导社会主义改革开放和现代化建设的过程中，对解决"三农"问题进行了一系列的重要探索。党的十一届三中全会以后，党和国家工作中心转移到经济建设上来，社会主义市场经济体制改革目标和基本框架、基本经济制度和分配制度正式确立，改革开放不断开创新的局面。党领导人民坚持以经济建设为中心，聚精会神搞建设，一心一意谋发展，推动经济持续快速发展，综合国力得到大幅提升。对于我国的农业改革与发展，邓小平同志于1990年提出了"两个飞跃"理论，即"第一个飞跃，是废除人民公社，实行家庭联产承包为主的责任制"，"第二个飞跃，是适应科学种田和生产社会化的需要，发展适度规模经营，发展集体经济"。以人民公社的废除、家庭联产承包责任制的实行为标志，我国在20世纪70年代末拉开了改革开放的序幕。这也标志着我国经济社会的发展从此步入了一个新阶段。农民群众从事农业生产的热情持续高涨，使得这一时期的农村发生了前所未有的变化。农业发展的强劲动力不仅来源于生产力的提高，还有赖于政府部门的扶持政策和优惠补贴。邓小平同志主张，用科技知识教育农民，提高农民的科学文化素质，强调"科教兴农"，以此来调动农民的生产积极性和创造性。

以江泽民同志为核心的党的第三代中央领导集体始终将"三农"问题作为我党工作的重点。针对城乡发展差距逐步扩大的现实问题，江泽民同志于1998年9月在安徽考察时指出，农业农村在发展中遇到瓶颈是导致城乡差距变大的主要原因。他认为，我国应该加快施行以工补农、以工促农、以城带乡的政策方针，以改变城乡差距不断扩大的局面，进而协调城乡之间的发展。此后，江泽民同志又作出一系列解决"三农"问题的论述。总之，中国农业农村的发展要走出一条具有中国特色的社会主义新农村路子，要在坚持以市场为导向的基础上，进一步深化农村的经济体制改革。政府部门应以市场的动态为目标导向，积极引导农民调整和优化农业产业结构，从而实现贸工农一体化发展；同时要加大乡镇企业和小城镇的建设力度，使它们在带动农业发展、解决农民就业和促进农民增收等方面发挥出应有的作用。

以胡锦涛同志为总书记的党中央在总结过去农业工作经验的基础上，将"三农"问题提升到新的战略高度。胡锦涛同志指出，重视农业农村农民问题是我们党的一贯战略思想。他立足国际国内的发展形势，在把握我国经济发展阶段性特征的基础上，提出要进一步加快城乡一体化发展，推进社会主义新农村建设。他认为要妥善处理工农城乡关系，牢固树立和落实科学发展观，在坚持党的全面领导下大力推进强农惠农政策，加大政府对农民群众的扶持力度，为农民谋福利，提高农民的生活水平。他指出，要积极鼓励资金流入农业农村，减轻农民负担，为农业增产增收提供相应的制度保障，进而使得农业产业活起来、农村农民富起来，最终缩小城乡之间的差距。中国共产党第十六届中央委员会第五次全体会议认为，建设社会主义新农村是我国现代化进程中的重大历史任务，要按照生产发展、生活宽裕、乡风文明、村容整洁、管理民主的要求，扎实稳步地加以推进。要统筹城乡经济社会发展，推进现代农业建设，全面深化农村改革，大力发展农村公共事业，千方百计增加农民收入。这为乡村振兴战略的提出奠定了理论基础。

以习近平同志为核心的党中央，坚持把解决好"三农"问题作为全党工作的重中之重，不断推进"三农"工作理论创新、实践创新、制度创新，推动农业农村发展取得历史性成就、发生历史性变革。习近平总书记着眼党和国家事业全局，深刻把握现代化建设规律和城乡关系变化特征，顺应亿万农民对美好生活的向往，在党的十九大报告中提出实施乡村振兴战略，指出"要坚持农业农村优先发展，按照产业兴旺、生态宜居、乡风文明、治理有效、生活富裕的总要求，建立健全城乡融合发展体制机制和政策体系，加快推进农业农村现代化"。习近平总书记又在党的二十大报告中指出，要"全面推进乡村振兴……。坚持农业农村优先发展，坚持城乡融合发展，畅通城乡要素流动。加快建设农业强国，扎实推动乡村产业、人才、文化、生态、组织振兴。"

1.2.2 乡村振兴战略形成的文化基础

1.2.2.1 中国传统的大同思想

天下大同是中华优秀传统文化中的重要内容，反映了古人对理想社会的向往和追求，代表着人们对未来社会和理想世界的美好憧憬。大同思想在中国由来已久，且其内在含义随着我国朝代的更迭而不断丰富和发展。远至春秋战国时期的诸子百家，近到清末民初的仁人志士，无数学者和各派思想家继承并发展了这一思想。他们不遗余力地为这一美好的社会理想而不懈奋斗。其中，儒家描绘的"天下为公"是对我国古代影响最深远的社会模式，为我国古代社会的发展提供了一个理想蓝本。孔子所倡导的大同即"大道之行也，天下为公"。在大同社会里，没有私有财产，人们讲求诚信、和睦相处、亲近友爱，所有人的生活都得到合理安排，社会治安良好，甚至家家户户夜不闭户。

在半殖民地半封建社会的近代中国，无论是洪秀全的太平天国运动，还是康有为的大同计划，抑或是孙中山的民生主义，无疑都是在"睁眼看世界"的过程中继承并发扬着中国传统的大同思想。康有为写了《大同书》，设想未来的大同社会是以生产资料公有制为基础的、没有剥削的社会。在该社会中，生产力高度发达，人们的物质生活水平很高；国界消失，全世界统一于一个"公政府"之下；没有战争，没有贵贱等级之分；男女完全平等，家庭已消失，不存在父权、夫权压迫。孙中山的大同理想的主要内容是：土地国有，大企业国营，但生产资料私有制仍然存在，资本家和雇佣劳动者两个阶级继续存在；生产力高度发展，人们的生活普遍改善；国家兴办教育、文化、医疗保健等公共福利事业，供公民享用。财产公有、人人平等、没有剥削、天下为公一直以来都是中国传统的大同思想所倡导的内容，这些与马克思主义反对阶级剥削和压迫，宣扬自由平等，追求社会和谐的共产主义理想有着异曲同工之妙。中国传统的大同思想源于封建社会中人们对剥削与压迫的反抗。它所倡导构建的大同社会是五四运动以前的中国先进知识分子的政治理想和毕生追求。正是在这一政治理想和毕生追求的影响下，大同思想才能一以贯之，并得以丰富和发展。

1.2.2.2　中国传统的小康思想

小康社会是中国古代思想家描绘的诱人的社会理想，也表现出普通百姓对殷实生活的追求。"小康"一词最早出自《诗经·大雅·民劳》中的"民亦劳止，汔可小康"。意思是老百姓活得太苦了，也该稍稍安乐了。这句话表达了身处奴隶社会中的人们对美好安定生活的向往。"小康"一词，原意是指生活比较安定，而在《现代汉语词典》（第7版）中指家庭经济状况可以维持中等水平生活。孔子在《礼记·礼运》中记载："今大道既隐，天下为家，各亲其亲，各子其子，货力为己……以贤勇知，以功为己……是谓小康。"这体现出古代人民在奴隶社会中形成了一种对抗制度的理想。然而这种理想在当时只是一种乌托邦式的存在，对百姓来说更是一种奢望。历朝历代的思想家、政治家根据现实需要，对小康思想进行了解释与演绎。例如，战国时期的孟子主张"王道"。他认为，假如百姓能安居乐业，能过上小康生活，则王道可行，天下便会统一。他说："七十者衣帛食肉，黎民不饥不寒，然而不王者，未之有也。"宋代的朱熹说："千五百年之间，正坐如此，所以只是架漏牵补，过了时日。其间虽或不无小康，而尧、舜、三王、周公、孔子所传之道，未尝一日得行于天地之间也。"他认为，只要有像尧、舜等那样具有高尚品德的贤士来实行仁政，小康之世就可实现。清末民初的思想家康有为则在《大同书》中，通过对天下为公、人人平等的刻画来描摹其憧憬的理想社会。在中国的历史长河里，自奴隶社会形成至中华人民共和国成立前夕，无数仁人志士对所处时代产生不满，从而描绘心中之愿景。

无论在中国古代的任何一个时期，小康社会都不能被准确地定位。中国古代政治制度的束缚使得百姓心中所追求的小康社会无论是在超越现实的条件下，还是在回归现实的条件下，都成为虚幻。

1979 年 12 月 6 日，邓小平同志在会见来访的日本首相大平正芳时提出，中国现代化所要达到的是小康状态。他于 1984 年 3 月在会见日本首相中曾根康弘时指出："翻两番，国民生产总值人均达到八百美元，就是到本世纪末在中国建立一个小康社会。这个小康社会，叫做中国式的现代化。"党的十八大以来，以习近平同志为核心的党中央紧密围绕"小康""经济建设""美丽中国"提出了一系列思想、作出了一系列论断，回答了协调推进"四个全面"战略布局面临的诸多重大问题。习近平总书记一再强调，"最艰巨最繁重的任务仍然在农村""一个民族都不能少""不能丢了农村这一头"，充分体现了我党带领全国人民走上幸福康庄大道的坚定信念。

1.2.2.3 中国传统的重农思想

我国自古以农立国，重农思想由来已久。农业的形成与发展为中华民族的团结壮大奠定了物质基础。重农思想的形成最早可以追溯到上古时期。伴随着朝代更迭，在诸子百家的经济思想基础上，重农思想不断丰富和发展，历久弥新，在历朝历代中占据着不可替代的地位。自秦始皇统一六国以来，历代的封建统治者一直秉承着以农为本的治国理念——这不仅是一种经济指导思想，更是一种政治统治思想。在我国古代社会，农业、国家和封建统治者之间存在着密不可分的联系。农业是立国之本，也是封建统治者巩固自身地位的权力之基。《管子》的作者管仲曾明确提出重农思想，呼吁国家应当重视农业发展，并将其提升到基本国策的高度。我国古代的统治者和学者认为，加强农业生产是统治者执政的根本任务。统治者应当不遗余力地清除阻碍农业生产发展的"绊脚石"，这是因为没有农业作为根基的统治是不可能长久的。因此，农业是衡量一个国家兴衰的标准之一。

农业是富国之本、强民之基。在分析我国古代盛世时期的特点时，我们不难发现，这些朝代无一例外都农业发达、兵力充足。这得益于我国古代的先贤能人在国家与农业的关系上有很多独到的见解。在秦朝，商鞅为在巩固封建君主统治地位的基础上增强国家的军事实力，提出了"耕战"政策：所谓"耕"，就是发展农业生产；所谓"战"，就是增强军事力量。他认为："故治国者欲民之农也。国不农，则与诸侯争权不能自持也，则众力不足也。""欲民之农"指的就是要民众从事农业生产。汉初时期，文景二帝同样坚持强国必先重农的原则，他们提倡重农思想，甚至在诏书中重申"夫农，天下之本也"这一理念。北宋时期，范仲淹在革新时政中主张重视农业生产。他认为，发展农业生产是实现国民富裕、社会稳定的前提。在梳理重农、富民及社会稳定之间的内在联系的基础上，范仲淹提出："善政之要，惟在养民；养民之政，民先务农。"可见，在我国古代，无论在哪一个朝代，都有能人志士继承与发展重农这一思想。

改革开放以来，党和国家的政策导向逐渐倾向于农村发展。党和国家始终把"三农"问题作为工作的重中之重。1982—1986 年，中央连续 5 年发布关于农业和农村工作的"一号文件"。自 2004 年起，每年的中央一号文件无一例外都以"三农"领域为聚焦点，并先后发布了一系列"真金白银"的惠农政策。例如，良种补贴支持的农作物由最初的高油大豆拓展到小麦、水稻等粮食作物，玉米、油菜等蔬菜作物及种植业领域的一些其他品种。党的十八大以后，惠农政策得到了进一步完善。《关于调整完善农业三项补贴政策的指导意见》《农业支持保护补贴资金管理办法》等的相继出台为一系列农业补贴项目的实施提供了制度保障。《中共中央 国务院关于实施乡村振兴战略的意见》指出："落实农村土地承包关系稳定并长久不变政策，衔接落实好第二轮土地承包到期后再延长30年的政策，让农民吃上长效'定心丸'。"土地"三权"（集体所有权、农户承包权和土地经营权）分置制度的完善再次印证了中国传统的重农思想对乡村振兴战略的提出有着重要影响。为了实施乡村振兴战略，促进农业全面升级、农村全面进步、农民全面发展，加快实现农业农村现代化，全面建设社会主义现代化国家，2021年4月29日第十三届全国人民代表大会常务委员会第二十八次会议通过《中华人民共和国乡村振兴促进法》。该法是我国第一部直接以"乡村振兴"命名的法律，填补了我国乡村振兴领域的立法空白，标志着乡村振兴战略迈入有法可依的新阶段。

1.2.2.4 中国传统的富民思想

我国的富民思想起源很早。先秦古籍《尚书》中就有关于"裕民""惠民"的记载。春秋时期，孔子提出"足食""富而后教""因民之所利而利之"，认为百姓的富足是教化的基础。其后，孟子说："易其田畴，薄其税敛，民可使富也。"他认为富民的途径在于发展生产和减轻赋税。荀子分析国民财富分配和国家兴亡的关系，认为民富有利于促进生产，生产愈发展，国家愈富裕，从而"上下俱富"。荀子把民富与国富在理论上统一起来。在我国历史上，较早提出"富民"为"治国之道"这一思想的是管仲。他认为："凡治国之道，必然富民。民富则易治也，民贫则难治也。"而中国的封建社会以自给自足的小农经济为主，因此农业的发达与否关系到国家能否富裕昌盛。同时管仲进一步论证了民富与治国的关系，他认为"仓廪实而知礼节，衣食足而知荣辱"。正是因为懂得民富则治理顺遂的道理，古代的统治者大多会遵循强本固基的原则来实现富民这一理想。而其中的强本，即发展农业。这也是中国历代思想家对如何实现"富民"理想不懈探索并得出来的结论之一。

中国传统的富民思想始终把"富民"放在"富国"之上，古代的皇权拥有者也深谙其中的道理，认为欲国富必先使民富。这种富民思想与党的十八大以来，以习近平同志为核心的党中央提出的以人民为中心的发展思想大同小异。全心全意为人民服务是中国共产党的根本宗旨，我们共产党员应始终把它作为行为准则。自党的十八大召开以来，我国各项事业都取得了丰硕成果，但人口基数大仍是基本国情。我国是拥有着十四亿多人口的大国，粮食安全问题对我国来说至关重要，粮食能否满足我国人口需求的问题仍将长期存在。因此，我们对粮食安全生产不能有丝毫懈怠与放松。我们仍要将"食足"作为实现"富民"的基本物质条件，要确保粮食生产安全，坚守18亿亩耕地这条红线，维护农民的根本利益。

管子的富民思想无论是对古代的社会，还是对新时代的中国，都产生了深远的影响，带给我们诸多有益启示。几千年来，人们对富民强国这一愿景无时无刻不在上下求索。中国共产党自成立以来便致力于为广大人民谋福祉。现如今，中华儿女在实现中华民族伟大复兴中国梦的道路上不懈奋斗。中国梦的本质是国家富强、民族振兴、人民幸福。当前，我国无论是在经济实力方面还是在国际影响力方面都取得了前所未有的成绩，可以说我们离实现中华民族伟大复兴中国梦这个目标又迈进了一大步。新时代，在实现中华民族伟大复兴中国梦的道路上，我们始终秉持结合自身实际的原则，汲取中国传统的富民思想的精华与智慧，真正做到发展为了人民、发展依靠人民、发展成果由人民共享，进而实现全体人民共同富裕。现阶段，富民的含义是全体人民富起来，要达到这一目标首先就要让农民富起来，因为只有农民富了起来，全体人民共同富裕才能取得实质性进展，我们的发展才会越来越有底气，奋斗劲才会越来越足，实现中华民族伟大复兴中国梦的动力才会源源不断。

1.3 乡村振兴战略的发展历程

对我国这样一个农业大国而言，农业强不强、农村美不美、农民富不富，决定着全面小康社会的成色和社会主义现代化的质量。要真正理解乡村振兴战略的内涵，深刻理解实施乡村振兴战略的重要性和必要性，就必须把乡村振兴战略放在中国式现代化的伟大进程中加以探索和研究。从民国时期的乡村建设运动到改革开放后的社会主义新农村建设，再到新时代的乡村振兴，它们虽处不同时期，但都是对彼时农村发展的探索。

1.3.1 开展乡村建设运动

在 20 世纪前半叶的中国，农业生产技术落后，生产力水平低下，农民不能解决温饱问题，无法享受义务教育和基本医疗保障。尤为严重的是，20 世纪二三十年代的农村还遭遇了一连串的"天灾人祸"：国家动荡不安，军阀战乱频繁，广大农村成为战场和土匪侵扰的对象；水旱灾害频发，受灾面积广大，受灾人口众多。雪上加霜的是，20 世纪 30 年代的世界经济危机深度波及在世界经济体系中处于弱势地位的中国。彼时，中国以出口农产品和工业原料、进口工业成品为主，这使当时中国本来就不堪一击的小农经济面临深渊。农村破产是社会各界的共同结论。这种破产表现为，大量农村人口因战乱和灾荒而流离失所；农产品滞销、价格暴跌，导致土地价格下跌；购买力下降，负债比例不断上升；农民离村率上升，土地抛荒现象严重；等等。与经济萧条相伴而生的是文盲充斥、科技落后、卫生不良、陋习盛行、公德不修等。正是在这样的现实背景下，以梁漱溟、卢作孚等为代表的仁人志士发起了乡村建设运动，试图以实干精神发展农村经济、培养农业人才、传授和推广农业技术、改变农村社会风气，从而建立乡村"乌托邦"。虽然梁漱溟等人的尝试以失败告终，但他们在建设和改良乡村的过程中所具备的勇于探索的大无畏精神一直激励着后进者。

（1）发展农村经济

民国时期，农村生产力不足，农民生活困难。20世纪30年代初，农业人口占总人口的80%以上。国民生产总值中，农业产值所占比重高达61%，其中未包括农村的手工业产值。因此，该时期的国民经济被普遍认为完全建立在农村之上。乡村建设运动的倡导者逐渐认识到，一要培训农民，教会他们引进、改良作物品种；二要建立农业技术试验基地，设立农产品推广中心等；三要发展农村生产力，进而促进农村经济发展，提高农民生活水平。邹平县（现山东省邹平市）和定县（现河北省定州市）这两个地方在推广农业技术和改良农作物品种等方面做出过很大努力，并取得了一定成效。

（2）以平民教育为旗帜

根据20世纪20年代成立的中华教育改进社的统计资料，当时，全国八千万学龄儿童中，只有七百万儿童有学可上，不识字的青壮年文盲更是多达上亿人。著名教育家晏阳初提出平民教育的口号，在定县进行乡村事业改造。晏阳初认为，人的问题是中国问题的核心，而教育是解决人的问题的关键。只有平民普遍接受教育，国家的元气才能恢复，国民的生活才能改善，国家的根基才会牢固。

在教育内容方面，晏阳初提出"四大教育"：以文艺教育攻愚，培养知识力；以生计教育攻贫，培养生产力；以卫生教育攻弱，培养强健力；以公民教育攻私，培养团结力。在教育方式方面，晏阳初提出三大方式：①学校式教育。以青少年为主要教育对象，在学校对青少年进行基本知识的传授。②社会式教育。主要通过开展各种社会团体活动向群众进行教育。③家庭式教育。主要将家庭中处于不同地位的成员横向联系起来进行教育。晏阳初还提到进行教育实践的目标与途径：欲化农民，必先农民化。所谓"化农民"，指的是要进行乡村教育改革，要教化农民；而所谓"农民化"，指的是知识分子要和农民一起生活、劳动，并在生活、劳动中深刻了解农民。

经过数年的努力，定县的建设成绩斐然，影响力不断扩大。1933年，美国记者埃德加·斯诺参观定县，称赞这里的工作卓有成效。抗日战争胜利后，晏阳初的平民教育还走出国门，获得了国际认可。1945年11月，联合国教科文组织在首次会议上制定了以中国平民教育经验为蓝本的基本教育计划，借以在世界范围内扫除文盲。1947年，晏阳初在巴黎出席联合国教科文组织研讨会并发表演说。1949年后，从我国推行的"赤脚医生"、改水改厕等政策中，我们依稀还能看到他当年所发起的平民教育运动的影子。

（3）实行村民自治

乡村建设是一场民众参与的去精英化运动，倡导充分调动民众的主动性和积极性。著名学者梁漱溟提出实行村民自治的理念。梁漱溟认为，政府权威对乡村治理作用不大，因此乡村应该摆脱政府控制。然而，摆脱政府控制的理念在现实中根本行不通。

此外，民国时期的乡村建设运动强调破旧立新。当时，许多地方还存留迷信、赌博、男尊女卑等陋习恶俗，这不仅严重束缚了人们的思想，而且阻碍了农村生产力的发展。因此，消除陋习恶俗成为乡村建设运动的重要组成部分。比如，部分地区禁止赌博、废除缠足，为改革旧俗制定专门条约等。

1.3.2　建设社会主义新农村

中华人民共和国成立后，进行了土地改革、开展了农业合作化运动。1978 年，家庭联产承包责任制的实行使农民获得土地使用权，这标志着农村经济体制改革拉开序幕。在这一时期，国家开始重视工业的发展，通过剪刀差从农村获取大量资源，以进行城市建设。就这样，我国依靠农业农村的支持，在一穷二白的艰苦条件下建立起比较完整的工业体系和国民经济体系。

在 20 世纪 90 年代，农民真苦、农村真穷、农业真危险成为"三农"问题的真实写照。对此，我国政府开始重视解决"三农"问题，发布的一号文件大多与"三农"问题有关。2005 年 12 月，十届全国人大常委会第十九次会议通过决定，自 2006 年 1 月 1 日起废止《中华人民共和国农业税条例》。这使得在我国延续了 2 600 多年的农业税从此退出历史舞台。这时期，工业和城市的快速发展为工业兴农、农民入城提供了条件。从此，社会主义新农村建设驶入快车道。

建设社会主义新农村不是一个新概念。自 20 世纪 50 年代以来，类似的提法就已出现多次。2006 年 3 月，第十届全国人民代表大会第四次会议审议通过《国民经济和社会发展第十一个五年规划纲要》，提出要按照生产发展、生活宽裕、乡风文明、村容整洁、管理民主的要求，扎实推进社会主义新农村建设。该纲要提出，社会主义新农村建设包括经济、政治、文化和社会四大方面的建设。社会主义新农村的经济建设，主要指在全面发展农村生产的基础上，建立农民增收长效机制，千方百计增加农民收入，实现农民的富裕，努力缩小城乡差距；社会主义新农村的政治建设，主要指在强化农民民主素质教育的基础上，切实加强农村基层民主制度建设和农村法治建设，引导农民依法履行民主权利；社会主义新农村的文化建设，主要指在加强农村公共文化建设的基础上，开展多种形式的、体现农村地方特色的群众文化活动，丰富农民群众的精神文化生活；社会主义新农村的社会建设，主要指在加大公共财政对农村公共事业投入的基础上，进一步发展农村义务教育和职业教育，加强农村医疗卫生体系建设，建立和完善农村社会保障制度，以期实现幼有所教、老有所养、病有所医的愿望。

世界上有许多国家在工业化发展取得一定成效后采取工业支持农业、城市支持农村的发展战略。建设社会主义新农村是我国在总体进入以工促农、以城带乡的发展新阶段后面临的新课题，是时代发展与和谐社会构建的必然要求。建设社会主义新农村，是在以人为本、构建和谐社会的理念深入人心的新形势下，中央作出的又一项重大决策，是对工业反哺农业、城市支持农村的具体化。

1.3.3 提出乡村振兴战略

乡村振兴战略是习近平总书记于 2017 年 10 月 18 日在党的十九大报告中提出的。党的十九大报告指出，农业农村农民问题是关系国计民生的根本性问题，必须始终把解决好"三农"问题作为全党工作重中之重。要坚持农业农村优先发展，按照产业兴旺、生态宜居、乡风文明、治理有效、生活富裕的总要求，加快推进农业农村现代化。2018年 5 月 31 日，中共中央政治局召开会议，审议《乡村振兴战略规划（2018—2022 年）》和《关于打赢脱贫攻坚战三年行动的指导意见》。2018 年 9 月，中共中央、国务院印发了《乡村振兴战略规划（2018—2022 年）》，要求各地区各部门结合实际，认真贯彻落实。2021 年 2 月21 日，《中共中央 国务院关于全面推进乡村振兴加快农业农村现代化的意见》即 2021 年中央一号文件正式发布，这是 21 世纪以来第 18 个指导"三农"工作的中央一号文件。2021 年 2 月 25 日，国务院直属机构国家乡村振兴局正式挂牌①。为了做好乡村振兴这篇大文章，2021 年

---

① 为统筹抓好以乡村振兴为重心的"三农"各项工作，加快建设农业强国，2023 年 3 月，第十四届全国人民代表大会第一次会议表决通过关于国务院机构改革方案的决定，在农业农村部加挂国家乡村振兴局牌子，不再保留单设的国家乡村振兴局。

3 月，中共中央、国务院发布了《关于实现巩固拓展脱贫攻坚成果同乡村振兴有效衔接的意见》，部署重点工作。

2021 年 4 月 29 日，第十三届全国人民代表大会常务委员会第二十八次会议表决通过《中华人民共和国乡村振兴促进法》（以下简称《乡村振兴促进法》）。该法自 2021 年 6 月 1 日起施行。《乡村振兴促进法》包括十章，共七十四条。《乡村振兴促进法》规定：每年农历秋分日为中国农民丰收节；建立乡村振兴考核评价制度、工作年度报告制度和监督检查制度；实行永久基本农田保护制度；建立健全有利于农民收入稳定增长的机制；健全乡村人才工作体制机制；健全重要生态系统保护制度和生态保护补偿机制；建立健全农村住房建设质量安全管理制度和相关技术标准体系；分类有序推进村庄建设，严格规范村庄撤并，严禁违背农民意愿、违反法定程序撤并村庄。

实施乡村振兴战略的各项配套政策也在逐步细化。2021 年 4 月，农业农村部办公厅、国家乡村振兴局综合司印发《社会资本投资农业农村指引（2021 年）》，鼓励、引导和支持社会资本投入乡村产业。2021 年 6 月 11 日，《商务部等 17 部门关于加强县域商业体系建设促进农村消费的意见》发布。该文件指出：扩大农村电商覆盖面。强化县级电子商务公共服务中心统筹能力，为电商企业、家庭农场、农民合作社、专业运营公司等主体提供市场开拓、资源对接、业务指导等服务，提升农村电商应用水平。2021 年 6 月，住房和城乡建设部、农业农村部、国家乡村振兴局联合发布《关于加快农房和村庄建设现代化的指导意见》，提出营造留住"乡愁"的环境，进一步加强传统村落和传统民居保护与利用。2021 年 7 月 26 日，最高人民法院发布《最高人民法院关于为全面推进乡村振兴 加快农业农村现代化提供司法服务和保障的意见》，要求加大对农村地区历史文化遗产的司法保护力度，推进优秀历史文化传承。2021 年 6 月 29 日，中国人民银行、银保监会、证监会、财政部、农业农村部、国家乡村振兴局联合发布《关于金融支持巩固拓展脱贫攻坚成果 全面推进乡村振兴的意见》，创新支持休闲农业、乡村旅游、农村康养、海洋牧场等新产业新业态的有效模式，推动农村一二三产业融合发展。2021 年 8 月，中共中央办公厅、国务院办公厅印发《关于进一步加强非物质文化遗产保护工作的意见》，强调挖掘非遗资源，传播乡土文化。

2022 年 1 月 4 日，《中共中央 国务院关于做好 2022 年全面推进乡村振兴重点工作的意见》即 2022 年中央一号文件发布。这是 21 世纪以来第 19 个指导"三农"工作的中央一号文件。文件突出年度性任务、针对性举措、实效性导向，部署 2022 年全面推进乡村振兴重点工作。明确两条底线任务：保障国家粮食安全和不发生规模性返贫；聚焦三方面重点工作：乡村发展、乡村建设和乡村治理；推动实现"两新"：乡村振兴取得新进展、农业农村现代化迈出新步伐。

2024 年 1 月 1 日，《中共中央 国务院关于学习运用"千村示范、万村整治"工程经验 有力有效推进乡村全面振兴的意见》发布，这是党的十八大召开以来第 12 个指导"三农"工作的中央一号文件，提出有力有效推进乡村全面振兴"路线图"。全文共六个部分，包括确保国家粮食安全、确保不发生规模性返贫、提升乡村产业发展水平、提升乡村建设水平、提升乡村治理水平、加强党对"三农"工作的全面领导。文件指出，推进中国式现代化，必须坚持不懈夯实农业基础，推进乡村全面振兴。要学习运用"千万工程"蕴含的发展理念、工作方法和推进机制，把推进乡村全面振兴作为新时代新征程"三农"工作的总抓手，坚持以人民为中心的发展思想，完整、准确、全面贯彻新发展理念、因地制宜、分类施策，循序渐进、久久为功，集中力量抓好办成一批群众可感可及的实事，不断取得实质性进展、阶段性成果。文件提出，以确保国家粮食安全、确保不发生规模性返贫为底线，以提升乡村产业发展水平、提升乡村建设水平、提升乡村治理水平为重点，强化科技和改革双轮驱动，强化农民增收举措，打好乡村全面振兴漂亮仗，绘就宜居宜业和美乡村新画卷，以加快农业农村现代化更好推进中国式现代化建设。

1.4 实施乡村振兴战略的重大意义

乡村振兴就是要推动农业农村现代化。乡村振兴不仅关系到农业农村现代化的实现，而且关系到社会主义现代化的全面实现，关系到第二个百年奋斗目标的实现。因此，实施乡村振兴战略，进而实现农业农村现代化，对全面建设社会主义现代化国家具有全局性和历史性意义。

1.4.1 实施乡村振兴战略的本质是回归并超越乡土中国

中国本质上是一个乡土性的农业国。农业国的文化根基就在乡土，而村落是乡土文化的重要载体。实施乡村振兴战略的本质便是回归乡土中国，同时在现代化和全球化的背景下超越乡土中国。

1.4.2 实施乡村振兴战略是对近代以来的仁人志士的理想进行再实践、再创造

20 世纪二三十年代，我国兴起了晏阳初、梁漱溟、卢作孚等发起的乡村建设运动。诚如梁漱溟所言，乡村建设运动是由于当时的乡村破坏而兴起的救济乡村的运动。梁漱溟的乡村建设方案如下：把乡村组织起来，建立乡农学校并将其作为政教合一的机关；向农民进行安分守法方面的伦理道德教育，以达到社会安定的目的；组建乡村自卫团体，以维护治安；形成农业合作社，以谋取乡村的发展，实现乡村文明化、乡

村都市化，并促进全国乡村建设运动的大联合，以期改变中国。晏阳初是一位重要的乡村建设运动的实践倡导者。晏阳初组织了一批志同道合的知识分子，率领他们下乡，到河北定县农村安家落户，在乡村推行平民教育，以启发民智，从而推进乡村建设运动。卢作孚也是乡村建设运动的倡导者。他是一位实业家，认为乡村衰败的根本原因在于乡村缺乏实业作支撑。于是，他在重庆市北碚区开展了一系列以实业救乡村的活动，如修建铁路、治理河滩、疏浚河道、开发矿藏、兴建工厂、发展贸易等，进而探索以经济发展来推动乡村建设运动的新路径。

虽然他们的实践在抗日战争的烽火中被中断（即使不被中断，实践也必然失败，因为他们不能从根本上改造中国社会，不能建立起一个人民当家作主的共和国，拥有的满腔热血最终只会化为一盆冰水），但是他们采取的发展乡村教育以开民智、发展实业以振兴乡村经济、弘扬传统文化以建立乡村治理体系等行动，无疑是十分有益的尝试，对我们今天实施乡村振兴战略仍有启示作用。

1.4.3　实施乡村振兴战略的核心是从根本上解决"三农"问题

党的十九大报告提出实施乡村振兴战略，就是要从根本上解决目前我国农业不发达、农村不兴旺、农民不富裕的"三农"问题。我们应牢固树立创新、协调、绿色、开放、共享的新发展理念，聚焦生产、生活、生态"三生"协同发展，促进农业、加工业、现代服务业"三业"融合发展，真正实现农业发展、农村变样、农民受惠，最终建成"望得见山、看得见水、记得住乡愁"的美丽乡村、美丽中国。

1.4.4　实施乡村振兴战略有利于弘扬中华优秀传统文化

中国文化本质上是乡土文化，中华文化的根脉在乡村。我们常说的乡土、乡景、乡情、乡音、乡邻、乡德等构成了乡土文化，也成为中华优秀传统文化的内核。实施乡村振兴战略，是重构乡土文化、弘扬中华优秀传统文化的重大举措。

1.4.5 实施乡村振兴战略是让中国人的饭碗牢牢端在自己手上的有力抓手

民以食为天，粮食安全是国家安全的重要基础。习近平总书记说："中国人的饭碗任何时候都要牢牢端在自己手上。"这就意味着，粮食生产是农业生产的重中之重。实施乡村振兴战略就是要使农业大发展、粮食大丰收，要发展科技农业、生态农业、智慧农业，确保18亿亩耕地红线不被突破，从根本上解决粮食安全问题，使我国的口粮供应不受国际粮食市场的支配，从而让中国人的饭碗牢牢端在自己手上。

乡村振兴战略作为党的十九大报告提出的七大战略之一，是新发展阶段实现我国农业农村现代化的重大决策部署。《中共中央 国务院关于实施乡村振兴战略的意见》提出：到2035年，乡村振兴取得决定性进展，农业农村现代化基本实现。农业结构得到根本性改善，农民就业质量显著提高，相对贫困进一步缓解，共同富裕迈出坚实步伐；城乡基本公共服务均等化基本实现，城乡融合发展体制机制更加完善；乡风文明达到新高度，乡村治理体系更加完善；农村生态环境根本好转，美丽宜居乡村基本实现。到2050年，乡村全面振兴，农业强、农村美、农民富全面实现。可见，乡村振兴的重要性被提升到前所未有的高度。实施乡村振兴战略成为我国全面建设社会主义现代化国家乃至全面建成社会主义现代化强国的重大历史任务。习近平总书记在庆祝中国共产党成立100周年大会上的讲话中指出，我国已全面建成小康社会。展望未来，实施乡村振兴战略则是实现全体人民共同富裕的必然选择。乡村不发展，中国就不可能真正发展；乡村人不富裕，中国人就无法实现共同富裕；乡土文化得不到重构，中华优秀传统文化就不可能真正得到弘扬。因此，振兴乡村对振兴中华、实现中华民族伟大复兴的中国梦有着重要的意义。

2 乡村振兴与乡村旅游发展的耦合关系

乡村振兴与乡村旅游存在一定程度的耦合关系：乡村振兴助推乡村旅游，乡村旅游又能为乡村振兴提供新动能。近年来，对乡村振兴与乡村旅游耦合发展的研究逐步增多。"耦"的本义指两人各持一耒（一种翻土的农具）并肩而耕，由此引申出成双成对之义。在物理学中，耦合指两个或两个以上的体系、运动形式，通过交互作用而彼此影响，以至联合起来形成增力的现象。

乡村旅游与乡村振兴耦合发展是指在乡村地域范围内，乡村振兴与乡村旅游相互联系、协同发展的过程。乡村振兴是发展乡村旅游的基础，也是发展乡村旅游要实现的最终目标；乡村旅游则是实现乡村振兴的产业引爆点和致富转换器。党的十九大报告提出，要按照"产业兴旺、生活富裕、生态宜居、乡风文明、治理有效"的总要求实施乡村振兴战略，也就是要从人文、经济、资源、环境等多个要素入手根治"乡村病"，这给发展乡村旅游提出了新的挑战，也带来了新的机遇和契机。乡村地区拥有丰富的自然资源和深厚的文化底蕴，为旅游业的发展提供了广阔空间。鼓励和支持发展乡村旅游是实施乡村振兴战略的重要途径：一方面，旅游业可以与农村产业融合发展。乡村地区可以通过"农业+旅游"延长产业链，从而促进农产品多次增值，实现农民增收致富；另一方面，旅游作为可持续发展的经济模式，能在传承乡村传统文化、保护乡村文化景观、提升农民文化素养和凝聚村集体力量等方面产生长期影响。此外，发展乡村旅游能够有效完善基层的基础设施建设，优化乡村空间结构，实现业态、形态、文态、生态"四态"融合发展，最终达到乡村振兴的目的。实现乡村旅游高质量发展，应紧扣乡村振兴战略的总要求，从供给有效、精准对接、链条延伸、生态保护和效益提升五大方面出发，以创新发展实现乡村产业兴旺，以共建共享提高农民生活水平，以绿色发展保护乡村生态环境，以文旅融合推动乡风文明，以协调发展促进基层治理有效，从而形成供需平衡、文旅融合、产业升级、绿色发展、农民参与的良性循环模式。

2.1 中国乡村旅游蓬勃发展

中国的乡村旅游起步于 20 世纪 80 年代，按照时间先后大致可分为三个阶段：

1980—2000 年为萌芽阶段。改革开放后，随着城镇化的发展和居民收入水平的提高，居民萌生旅游需求。地理位置优越、经济条件较好和基础设施相对完善的农村开始通过农家乐的方式吸引游客。此阶段的乡村旅游总体呈现自发性、零散性的特征，常见于城郊游憩型模式，以农民个体经营为主，典型代表是成都郊区的"五朵金花"[①]。

2000—2015 年为成长阶段。随着居民生活水平的逐渐提升，休闲旅游的需求迅猛增长。与之相对应的是，休闲农业和乡村旅游的规模迅

---

① "五朵金花"指成都市锦江区三圣街道（原三圣乡）的一个区域，是著名的统筹城乡示范项目。该区域包括红砂村的"花乡农居"、幸福村的"幸福梅林"、驸马村的"东篱菊园"、万福村的"荷塘月色"及江家堰村的"江家菜地"。

速扩大，种类逐渐增多。乡村地区涌现出一批生态农业观光园、现代农业示范园和观光休闲农业园区等。此阶段的乡村旅游呈现农商文旅融合发展的特征，常见于产业带动型模式，以政府部门、公司、社区和村民共同参与为主。

2015年至今为快速发展阶段。在这个阶段，发展方式转变为乡村度假，消费群体不断扩大。乡村旅游呈现出多层次、综合化、品牌化的发展趋势。其中，具有代表性的地区为浙江省德清县境内的莫干山。该地区通过乡村旅游有效满足城镇居民渴望回归乡野田园的需求，逐渐实现产业配套、农房出租和土地流转。此阶段的乡村旅游为文旅资源型模式，经营方式为政府部门、公司、社区和村民共同参与。

根据2020年的国家统计局数据，2012—2019年，国内乡村旅游接待人数及接待收入不断攀升（见图2-1和图2-2）。2019年，国内乡村旅游接待人数高达32亿人次，占国内旅游接待总人数的53.24%。2012—2019年，国内乡村旅游接待收入占全国旅游接待总收入的比重为10.6%~15.8%（见图2-2）。乡村旅游已经成为特色旅游业中的重要类型，极大地促进了我国旅游业整体竞争力的提升，对解决"三农"问题和实现乡村振兴具有重要意义。鉴于此，随着乡村旅游规模的不断扩大，如何推进乡村旅游产业高质量、可持续发展，越来越受到国家层面的高度重视。2019年，国务院印发《国务院关于促进乡村产业振兴的指导意见》，明确指出优化乡村休闲旅游业，实施休闲农业和乡村旅游精品工程。

2020年年初暴发的新型冠状病毒感染疫情给我国的旅游业按下暂停键。全国各地停组团、关景区。原本抢手的乡村旅游遇冷，农村经济受到重创。然而，在党中央的有力指挥和积极部署下，新型冠状病毒感染疫情快速得到控制，乡村旅游得以重启。有数据显示，在节假日和周末，短途游、周边游十分火爆。游客在疫情防控和出游需求之间找到平衡点。事实上，在后疫情时代，利用乡村旅游带动整个旅游行业复苏是一个不错的切入点。三小时休闲旅游经济圈内的近郊乡村游与多数消费者的可支配收入、周末闲暇时间相匹配，且自驾是一种比较安全的出行方式。此外，乡村旅游是一种基于社区的活动，涉及吃、住、行、游、购、娱六要素，当地居民可以在区域内实现自给自足、自产自销，因此乡村旅游对流通性的要求相对较低。乡村旅游是一个较为独立的供给体系，能在一定程度上满足消费者避开人群、在大自然中释放压力、构建和谐家庭关系的需求。因此，新型冠状病毒感染疫情带给乡村旅游的不仅有危机，也有契机。根据文化和旅游部公布的数据，2021 年第一季度，全国乡村旅游接待总人数为 9.84 亿人次，比 2019 年同期增长5.2%；全国乡村旅游接待总收入为 3 898 亿元，比 2019 年同期增长2.1%。其中，全国乡村旅游重点村村均接待人数为 6.15 万人次，约为全国平均水平的 1.8 倍；全国乡村旅游重点村村均接待收入为 2 281 万元，约为全国平均水平的 1.7 倍。全国乡村旅游逐渐恢复，并保持良好发展势头，为丰富乡村经济业态、挖掘县乡消费潜力做出了积极贡献。

2023 年 12 月 14 日，《携程乡村旅游振兴白皮书（2023）》发布，对乡村旅游行业趋势、战略落地阶段性成果进行解读。报告显示，2023年携程平台乡村旅游订单量恢复到新型冠状病毒感染疫情前 2.6 倍，同时民宿行业的发展不仅重启增长，还创造了过去 5 年来民宿数量最大增幅，达到历史高点。乡村旅游在经历了 2023 年的繁荣重启和多个假期游客高峰的考验后，正在进入一个理性繁荣的高质量发展新阶段。

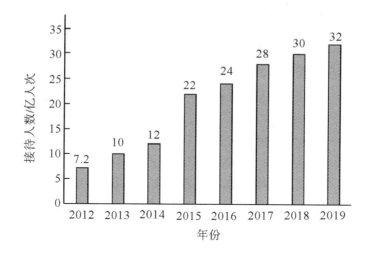

图 2-1　2012—2019 年全国乡村旅游接待人数

图 2-2　2012—2019 年全国乡村旅游接待收入

2.2　乡村旅游是乡村振兴的重要组成部分

乡村之所以兴盛，是因为乡村产业兴旺；乡村之所以衰败，一个重要的原因是乡村缺乏产业支撑。在社会主义新农村建设中，一些地区因没有产业发展条件而使农民陷入新的困境。尽管人们千方百计地试图振兴乡村，也进行了包括发展乡村旅游在内的尝试，但在面对各地树立的典型时，不少人的态度是"典型很好，我们学不了"。原因就在于他们没有找到因地制宜、可持续、可复制的产业发展模式。实践证明，要实现产业兴旺，就要走乡村经济多元化发展的道路，既要发展乡村特色产业，又要发展融合产业，还要发展适应人们休闲需要的产业，但这些产业不一定包括乡村旅游。发展乡村旅游，必须具备一定的市场条件、资源条件、经济条件、设施条件、政策条件。如果在这些条件缺乏的情况下，硬性开发旅游，则可能造成旅游摧毁旅游、旅游破坏乡村、旅游滞后振兴的不良后果。因此，"乡村旅游是乡村振兴事业的重要组成部分"这一论断是站在宏观的角度得出的，不一定适合每个地方。

乡村旅游是乡村振兴事业的重要组成部分，也是实现乡村振兴的主要动力和保障。乡村振兴战略的提出为发展乡村旅游提供了前所未有的机遇，指明了前进的道路。

2.2.1 《乡村振兴战略规划(2018—2022年)》中有关乡村旅游的内容

党的十八大后，我国的农业农村取得历史性成就、发生历史性变革：农业供给侧结构性改革取得新进展，农村改革取得新突破，城乡发展一体化迈出新步伐。这为开创党和国家事业发展新局面提供了有力支撑。但农业农村基础差、底子薄、发展滞后的状况未得到根本改变，经济社会发展中明显的短板仍然在"三农"领域。实施乡村振兴战略，必须抓住机遇，迎接挑战，发挥优势，顺势而为，努力开创农业农村发展新局面，推动农业全面升级、农村全面进步、农民全面发展，从而谱写新时代乡村全面振兴新篇章。《乡村振兴战略规划（2018—2022年）》的出台对化解农村经济社会发展中的阶段性矛盾，保证乡村振兴战略实施开好局、起好步、打好基础，具有重大的现实意义和深远的历史意义。

《乡村振兴战略规划（2018—2022 年）》的第五篇提出："实施休闲农业和乡村旅游精品工程，发展乡村共享经济等新业态，推动科技、人文等元素融入农业。""顺应城乡居民消费拓展升级趋势，结合各地资源禀赋，深入发掘农业农村的生态涵养、休闲观光、文化体验、健康养老等多种功能和多重价值。"

第六篇提出："大力发展生态旅游、生态种养等产业，打造乡村生态产业链。"

第七篇提出："弘扬中华优秀传统文化。"内容包括："实施农耕文化传承保护工程，深入挖掘农耕文化中蕴含的优秀思想观念、人文精神、道德规范，充分发挥其在凝聚人心、教化群众、淳化民风中的重要作用。划定乡村建设的历史文化保护线，保护好文物古迹、传统村落、民族村寨、传统建筑、农业遗迹、灌溉工程遗产。传承传统建筑文化，使历史记忆、地域特色、民族特点融入乡村建设与维护。""以形神兼备为导向，保护乡村原有建筑风貌和村落格局，把民族民间文化元素融入乡村建设，深挖历史古韵，弘扬人文之美，重塑诗意闲适的人文环境和田绿草青的居住环境，重现原生田园风光和原本乡情乡愁。""建设一批特色鲜明、优势突出的农耕文化产业展示区，打造一批特色文化产业乡镇、文化产业特色村和文化产业群。大力推动农村地区实施传统工艺振兴计划，培育形成具有民族和地域特色的传统工艺产品，促进传统工艺提高品质、形成品牌、带动就业。积极开发传统节日文化用品和武术、戏曲、舞龙、舞狮、锣鼓等民间艺术、民俗表演项目，促进文化资源与现代消费需求有效对接。推动文化、旅游与其他产业深度融合、创新发展。"

2.2.2 《中华人民共和国乡村振兴促进法》中有关乡村旅游的内容

乡村振兴战略是新时代"三农"工作总抓手。乡村振兴是贯穿中国式现代化建设全过程的一项长期性重大任务。《中华人民共和国乡村振兴促进法》(下文简称《乡村振兴促进法》)于 2021 年 6 月 1 日起施行。这部法律在"三农"工作重心历史性转向全面推进乡村振兴这样一个关键时刻出台,具有重要的里程碑意义,为新阶段全面推进乡村振兴、加快农业农村现代化提供了坚实法治保障。习近平总书记曾指出,产业是发展的根基,产业兴旺,乡亲们收入才能稳定增长。2019年印发的《国务院关于促进乡村产业振兴的指导意见》则明确,产业兴旺是乡村振兴的重要基础,是解决农村一切问题的前提。乡村产业根植于县域,以农业农村资源为依托,以农民为主体,以农村一二三产业融合发展为路径,地域特色鲜明、创业创新活跃、业态类型丰富、利益联结紧密,是提升农业、繁荣农村、富裕农民的产业。《乡村振兴促进法》直接提到的有关乡村旅游的内容主要如下:

第二章"产业发展"中的第十九条提出:"各级人民政府应当发挥农村资源和生态优势,支持特色农业、休闲农业、现代农产品加工业、乡村手工业、绿色建材、红色旅游、乡村旅游、康养和乡村物流、电子商务等乡村产业的发展……支持特色农产品优势区、现代农业产业园、农业科技园、农村创业园、休闲农业和乡村旅游重点村镇等的建设……"

第七章"城乡融合"中的第五十五条提出:"国家鼓励社会资本到乡村发展与农民利益联结型项目,鼓励城市居民到乡村旅游、休闲度假、养生养老等,但不得破坏乡村生态环境,不得损害农村集体经济组织及其成员的合法权益。"

2.2.3 《"十四五"旅游业发展规划》中有关乡村旅游的内容

2022 年 1 月 20 日,国务院发布《"十四五"旅游业发展规划》(以下简称《规划》)。乡村旅游是《规划》中的重要内容。

《规划》在第二部分"总体要求"之第三点"发展目标"中提出:"展望 2035 年,旅游需求多元化、供给品质化、区域协调化、成果共享化特征更加明显,以国家文化公园、世界级旅游景区和度假区、国家级旅游休闲城市和街区、红色旅游融合发展示范区、乡村旅游重点村镇等为代表的优质旅游供给更加丰富,旅游业综合功能全面发挥,整体实力和竞争力大幅提升,基本建成世界旅游强国,为建成文化强国贡献重要力量,为基本实现社会主义现代化作出积极贡献。"

《规划》在第四部分"优化旅游空间布局"之第三点"优化城乡旅游休闲空间"中提出:"在城镇规划布局中,围绕推进以人为核心的新型城镇化和美丽乡村建设,提高空间配置效率,优化旅游休闲功能,合理规划建设特色旅游村镇,因地制宜推动乡村旅游差异化、特色化发展,推进多元功能聚合,营造宜居宜业宜游的休闲新空间。"

《规划》在第六部分"完善旅游产品供给体系"之第一点"丰富优质产品供给"中专门对乡村旅游提出要求:"规范发展乡村旅游。深入挖掘、传承提升乡村优秀传统文化,带动乡村旅游发展。完善乡村旅游政策保障体系,鼓励各地区因地制宜将乡村旅游纳入县域相关规划,统筹推进乡村旅游道路、停车场、厕所、污水垃圾处理设施等基础设施建设。实施乡村旅游精品工程,优化乡村旅游产品结构,丰富产品供给,推出一批全国乡村旅游重点村镇,打造全国乡村旅游精品线路,公布一批国际乡村旅游目的地,培育一批乡村旅游集聚区,构建全方位、多层次的乡村旅游品牌体系。建立健全利益联结机制,让农民更好分享旅游业发展红利,提升农民参与度和获得感。有效衔接乡村振兴战略,重点支持脱贫地区乡村旅游发展壮大。统筹用地、治安、消防、卫生、食品安全、环保等方面政策，落实乡村民宿经营主体房屋安全管理责任，推进乡村民宿高质量发展。"

2.3　乡村振兴助推乡村旅游发展

乡村振兴是我国在新时代推出并实施的一项系统化、多元化重要工程。它不只指某一地域的振兴，也不单指某一方面的振兴，而指从治理体系创新、经济社会发展与生态文明进步等方面实现乡村的全面振兴。一方面，乡村旅游是经济社会发展的产物，对农业乡村的发展产生一定的积极影响，是实施乡村振兴战略的抓手之一；另一方面，乡村振兴能为乡村旅游提供资源支持与政策支撑。因此，乡村振兴与乡村旅游形成了一种相互促进、相互影响的耦合关系。现有的文献大多强调乡村旅游为乡村振兴提供新动能，却忽视了乡村振兴对乡村旅游的助推作用。

2.3.1　有助于践行乡村旅游服务理念

乡村振兴战略的实施为农村引进了更多的优秀管理人才，使乡村旅游产业的管理制度得到进一步完善。各地通过加强对工作人员的职业培训，提高游客对旅游服务的满意度，大大降低投诉的概率。同时，文明乡风促使村民与游客间的关系更加融洽，给游客带来良好的旅游体验，促进乡村旅游服务质量大幅度提升。

2.3.2　有助于完善乡村旅游基础设施

若要发展乡村旅游，就需要完善乡村旅游基础设施。而乡村振兴战略的实施可以为乡村旅游基础设施建设提供大量的资金。利用这些资金，各地可以采取一系列村庄美化措施，如完善住宿餐饮设施建设、文娱场所设施建设、道路交通设施建设及环卫设施建设，为乡村旅游的可持续发展奠定基础，从而推动我国的旅游业持续繁荣。

2.3.3 有助于提升乡村旅游景观质量

我国是一个农业大国，农村数量较多，因此多数投资建设项目都以农村为对象予以开展。乡村振兴战略的实施，可以为乡村旅游开发提供政策指引，从而吸引更多的机构到农村投资，使乡村旅游景观的数量和质量得到保障。

2.3.4 有助于提高乡村旅游经济效益

产业兴旺是乡村振兴的重要根基，是推动乡村振兴不断发展的源泉。产业兴旺对乡村旅游提出了新要求，如丰富乡村旅游产品的种类、实现旅游业与农业深度融合。此外，乡村振兴能够促使农业产业链延伸，促进乡村旅游产业聚集，提升乡村旅游市场竞争力，提高乡村旅游经济效益。

2.3.5 有助于优化乡村旅游生态环境

乡村振兴战略的实施，能够为发展乡村旅游提供资金支持，使相关部门加大优化乡村旅游生态环境的力度。这样不仅可以保证农村地区生态宜居，还可以保证乡村旅游长远发展。与此同时，乡村振兴战略的实施为发展乡村旅游提供法律保障与制度支持，能使当地居民提高对发展乡村旅游的重视程度，并认识到保护乡村旅游生态环境的重要性，进而优化乡村旅游生态环境。

2.4　乡村旅游为乡村振兴提供新动能

作为中国旅游业中最具活力的产品形态，乡村旅游是实施乡村振兴战略的重要抓手和有效路径，在新时代肩负着重要的使命。我国在脱贫攻坚战取得全面胜利后，步入全面推进乡村振兴的新阶段。巩固拓展脱贫攻坚成果同乡村振兴有效衔接，成为当前"三农"工作的重要任务。与此同时，近年来，中央政府持续关注乡村旅游，明确乡村旅游对促进城乡统筹发展、带动美丽乡村建设、推进农业农村现代化、增强经济发展新动能的突出意义，使乡村旅游成为诸多国家战略和政策的交汇点。

实施乡村振兴战略，是党和国家作出的重大决策部署。作为国家级战略，乡村振兴战略具有战略性、全局性、长期性的特点。发展乡村旅游必须准确把握乡村振兴战略的总要求：产业兴旺、生态宜居、乡风文明、治理有效、生活富裕。乡村旅游是乡村振兴的重要动力。大力发展乡村旅游是实施乡村振兴战略的重要抓手。发展乡村旅游，有利于实现产业兴旺、打造生态宜居空间，有利于实现乡风文明、形成治理有效格局，也有利于实现村民生活富裕。总之，乡村旅游在促进乡村振兴时，能够发挥独特优势，作出应有而特殊的贡献。

2.4.1　激活农村产业

乡村振兴，产业兴旺是重点。旅游业作为我国国民经济的战略性支柱产业，能有力促进就业、增加农民收入，是乡村振兴的重要产业选择。旅游业作为综合产业、美丽产业、幸福产业，能对乡村振兴发挥引擎作用。乡村旅游为农村产业的转型与发展指明了新的方向，有助于提升农业产业的附加价值，促进一二三产业融合发展，激活农村产业潜力，延伸产业链，实现农业农村现代化。发展乡村旅游和休闲农业，可以盘活农村土地，是提高农村土地资源利用效率和产出附加价值的最佳途径之一。

旅游业也是一种产业。乡村旅游实质上是旅游理念与第一产业融合的结果。中国有着五千多年的文明积淀，中华优秀传统文化博大精深，历史底蕴深厚，许多乡村都有独特的风土人情和人文景观，田园生活更是古往今来无数文人墨客的心之所向。这种文明积淀是古代文明与现代文明碰撞的结果，往往能够对忙碌的人们产生强大的吸引力。当以旅游理念打造第一产业、将第一产业变为旅游资源时，这对乡村来说，无疑是为其发展插上了翅膀。我们要充分认识到，旅游理念与第一产业融合能够形成乡村旅游，要把乡村旅游作为推动乡村振兴的重要引擎，在有条件的地方既解决好乡村环境问题，又解决好农民收入问题，还解决好人们表达乡愁、寄托思念的问题。

发展乡村旅游要走产业融合发展道路。发展乡村旅游能够增强农业多功能性，是实施乡村振兴战略的重要载体。乡村振兴不是一地一域的振兴，而是广大乡村的全面振兴。由于当前我国的乡村基础设施还不完善，因此我们暂不能在农村大规模发展工业，否则会造成资源浪费，特别是造成大面积环境污染。而旅游业是绿色产业，促进乡村旅游与第一产业融合发展，能有效减少环境污染、生态破坏等问题，同时农民的销售收入不会比工厂的工资低，这可谓一举多得的好事。因此，我们应该发挥乡村旅游在推动乡村振兴中的优势，把旅游业作为综合性的大产业，在产业融合中打造出观光农业等新业态，走出一条农旅融合、绿色增收的乡村振兴新路子。

由于旅游业具有较强的产业整合能力，因此其在发展过程中会不断衍生出新业态和新产业，并逐步向关联度高、综合性强的产业靠拢。例如，乡村旅游与中华优秀传统文化相结合，衍生出游艺、演艺等新产业，并带动餐饮、交通、文化及相关企业的发展；乡村旅游与农业相结合，衍生出观赏、体验、采摘等新业态，这既响应了产业兴旺的要求，又推动了乡村经济建设。农业三产融合发展如图2-3所示。

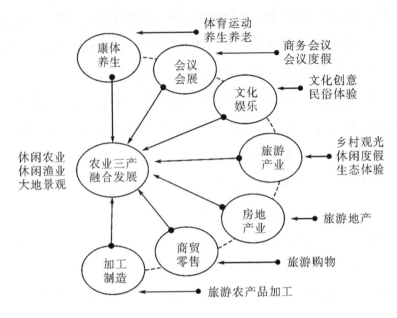

图2-3　农业三产融合发展

2.4.2　促进农村居民就业

《乡村振兴促进法》第二十条和第二十一条分别对促进农民就业和增加农民收入进行了规定。其中，第二十条规定："各级人民政府应当完善扶持政策，加强指导服务，支持农民、返乡入乡人员在乡村创业创新，促进乡村产业发展和农民就业。"第二十一条规定："各级人民政府应当建立健全有利于农民收入稳定增长的机制，鼓励支持农民拓宽增收渠道，促进农民增加收入。国家采取措施支持农村集体经济组织发展，为本集体成员提供生产生活服务，保障成员从集体经营收入中获得收益分配的权利。国家支持农民专业合作社、家庭农场和涉农企业、电子商务企业、农业专业化社会化服务组织等以多种方式与农民建立紧密型利益联结机制，让农民共享全产业链增值收益。"

近年来，乡村旅游经营的"飞地化"① 现象日益突出，导致当地居民的就业空间和盈利空间不断被外来资本挤占。在新发展阶段，乡村旅游助力乡村振兴的落脚点在创造更多的就业机会，使农民增收，即富民，并带动产业兴旺。乡村旅游在促进农村人口就业方面具有重要作用。发展乡村旅游能增加农民收入，促进农民在家门口就业，推动农民农村共同富裕。我国农村地区存在人口基数较大、就业不充分的情况，因此我们应进一步强化乡村旅游在创造就业、繁荣经济方面的"造血"功能。

对此，我们可以从两方面发力：一是创新乡村旅游盈利模式，结合地方特色，延长乡村旅游产业链，完善乡村旅游产品供给体系，促进乡村旅游产业链本地化，以创造更多就业岗位。例如，时下诸多乡村旅游目的地打造"特色民宿+直播带货"等新业态，从而有效促进了地方经济的发展。二是加大政策扶持力度和人才培养力度，全面提高农村居民参与发展乡村旅游的积极性，增强其内生动力，从而实现乡村旅游的可持续发展。

2.4.3 推动乡村文化建设

乡村振兴不仅包括物质生活振兴，还包括精神文化振兴，这就要求我们保护传承好中华优秀传统文化、民族村寨、传统民居等。乡村有着深厚的文化底蕴，其中蕴含的许多道德规范流传至今，并成为乡规民约。这些道德规范在凝聚人心、教化民众、淳化民风方面发挥了极大的

---

① "飞地化"因投资、经营乡村旅游的主体来自城市而形成。这些主体利用资金和技术优势，采取圈地的方式，大规模建设休闲旅游接待场所，如农业生态园、垂钓园等，并在经营时雇用更为廉价的外地劳动力。这种乡村旅游发展机制使乡村旅游利益被少数人攫取，不利于当地的可持续发展。

作用，对促进乡村文化振兴来说是一笔宝贵的财富。当然，在传承中华优秀传统文化的同时，我们要批判性借鉴外来文化，促进中华优秀传统文化创造性转化、创新性发展。乡村旅游的发展，让乡村与外界的交流更为频繁，而外来文化会带来潜移默化的影响，因此各地要自觉抵制和摒弃"三俗"，坚持向上、向善、向美的正确导向，倡导富裕乡村、文明乡村、和谐乡村、美丽乡村的新风尚。

此外，我们应推进原乡文化与旅游体验相融合。利用具象化的乡村事物实体充分展示特色原乡文化，通过改造乡村景观、营造乡村氛围和改善乡村环境，形成当地独有的乡村意象。结合市场需求开发乡村旅游产品，体现乡村旅游的活力。充分结合我国文化产业的发展，拓展乡村旅游空间，如利用乡村的生态优势和文化优势，探索摄影旅游、影视旅游、采风旅游、写生旅游等旅游形态，促进乡村文化交流。建设一批特色突出、服务完善的艺术村落，以吸引文艺工作者深入农村，创作富有乡土气息、讴歌农村时代变迁的优秀文艺作品。

《乡村振兴促进法》非常重视乡村文化建设，在第四章"文化繁荣"中专门规定了相关内容。第四章包括第二十九条至第三十三条，共计五条，具体内容如下：

第二十九条　各级人民政府应当组织开展新时代文明实践活动，加强农村精神文明建设，不断提高乡村社会文明程度。

第三十条　各级人民政府应当采取措施丰富农民文化体育生活，倡导科学健康的生产生活方式，发挥村规民约积极作用，普及科学知识，推进移风易俗，破除大操大办、铺张浪费等陈规陋习，提倡孝老爱亲、勤俭节约、诚实守信，促进男女平等，创建文明村镇、文明家庭，培育文明乡风、良好家风、淳朴民风，建设文明乡村。

第三十一条　各级人民政府应当健全完善乡村公共文化体育设施网络和服务运行机制，鼓励开展形式多样的农民群众性文化体育、节日民俗等活动，充分利用广播电视、视听网络和书籍报刊，拓展乡村文化服务渠道，提供便利可及的公共文化服务。

各级人民政府应当支持农业农村农民题材文艺创作，鼓励制作反映农民生产生活和乡村振兴实践的优秀文艺作品。

第三十二条　各级人民政府应当采取措施保护农业文化遗产和非物质文化遗产，挖掘优秀农业文化深厚内涵，弘扬红色文化，传承和发展优秀传统文化。

县级以上地方人民政府应当加强对历史文化名镇名村、传统村落和乡村风貌、少数民族特色村寨的保护，开展保护状况监测和评估，采取措施防御和减轻火灾、洪水、地震等灾害。

第三十三条　县级以上地方人民政府应当坚持规划引导、典型示范，有计划地建设特色鲜明、优势突出的农业文化展示区、文化产业特色村落，发展乡村特色文化体育产业，推动乡村地区传统工艺振兴，积极推动智慧广电乡村建设，活跃繁荣农村文化市场。

然而，近年来，不少乡村地区盲目开发旅游项目，导致商业化气息过浓；轻视对中华优秀传统文化的保护，造成千村一面、内涵不足的局面。这些使乡村旅游未能完全发挥其在乡村振兴方面的重要作用。

保护中华优秀传统文化是旅游目的地保持竞争力与吸引力的根基所在。发展乡村旅游需以振兴乡村文化为落脚点。对此，我们应从两方面发力：一是创新中华优秀传统文化的传承与利用方式，将古老文化与现代元素相结合，通过开发旅游纪念品、举办文化节活动、建设乡村文化博物馆等多种方式活化遗产；二是加强政策引领与资金支持，激励村民自发参与中华优秀传统文化的保护与传承，增强村民的认同感与自豪感。

2.4.4　优化乡村生态环境

保持乡村旅游核心竞争力的前提是保证良好的乡村生态环境，因为良好的乡村生态环境是乡村振兴的重要支撑。然而，早期的乡村旅游开发重经济效益、轻环境保护，致使乡村旅游资源被过度消耗和严重破坏，所造成的环境污染在短时间内难以得到有效治理。

进入新时代，以"绿水青山就是金山银山"和"山水林田湖草是一个生命共同体"为代表的一系列绿色发展理念的提出，使得人们越发重视资源开发和环境保护的平衡问题。随着环保意识的增强和生态体系的建立，绿色低碳发展的优势开始体现出来。一方面，乡村的绿水青山、田园风光吸引了大量游客前往，满足了其亲近自然、感受生态之美的需求；另一方面，绿色有机、天然无污染的农家产品受到众多消费者的青睐，这为乡村旅游的发展提供了强大动力。

同时，发展乡村旅游能提升乡村生态品质，能对营造生态宜居环境发挥美容师的作用。生态宜居是乡村振兴的关键。而乡村旅游的重点工作恰好是改善乡村居住环境与优化乡村生态环境，这符合乡村振兴战略中"生态宜居"的要求。乡村旅游开发工作需要在保证乡村生态环境良好和乡村经济可持续发展的前提下，在不浪费旅游资源的基础上，争取更多的资金支持。在乡村旅游开发工作中，我们应加强基础设施建设，为当地居民打造宜居生活环境；加大乡村道路建设工作力度，增强乡村交通的便利性；提升旅游景区景观质量，提高游客的满意度；强化人们对乡村生态环境重要性的认识，使其自主保护乡村生态环境。

为优化乡村生态环境，我们应推进生态治理与大地景观建设相融合。生态治理是发展资源节约型、环境友好型现代农业的必由之路。在生态治理的过程中，我们可以将生态保护与修复和农业景观建设结合起来，不仅要恢复自然美，也要体现人工美。我们应遵循国家出台的生态补偿制度，加大恢复、保护农村生态的力度。特别是在生态治理过程中，要因地制宜，考虑休闲农业、观光农业、森林旅游、草原旅游、文化旅游等乡村旅游的不同功能，以乡村景观的改善来优化乡村资源结构，从而增强乡村地区对城市游客的吸引力，为乡村旅游的健康发展提供良好的基础条件。要把现代技术手段与乡村景观设计理念相结合，打造具有生态、生产、生活、休闲等多种功能的乡村景观系统。具体来说，我们既要树立环境兴游、生态兴游的观念，兼顾农业和旅游业的功能，又要在文化遗产的传承和现代生活的便利之间寻求平衡，使乡村景观成为推动农村经济发展的重要资本。

2.4.5 提升公共服务水平

部分农村地区因基础设施建设不完善和公共服务供给不足而有巨大的新增投资需求，可以通过乡村旅游这一渠道，引进现代农场、休闲乐园、农业科普示范园等，利用政府、企业和居民的资源及资金，加强基础设施建设，从而构建外形美、功能多、配套全的现代乡村服务体系。

在围绕医疗、文化、环保等领域规划基础设施和服务配套设施时，要考虑到既满足当地居民的需求，又满足游客的需求。只有这样，才能有效节约成本，从而实现城乡基本公共服务均等化。

在加强农村基层自治组织规范化建设的过程中，要注重社区参与，发挥行业协会等非政府组织的作用，积极支持村内公益事业的发展；要推行合作式、订单式、托管式等服务模式，吸引一批从事农业与服务业的企业进入乡村；要大胆尝试利用政府购买公共服务等方式，引进提供休闲农业和乡村旅游的公益性服务。

在发展现代服务业的同时，农村地区应不断提升村级公共服务和管理的水平，提高当地的社会文明程度，从而建设农民安居乐业、游客轻松惬意的美丽家园。

3 乡村旅游资源概述

乡村旅游资源是指能吸引游客前来开展旅游活动，为旅游业所利用，并能产生包括经济效益、社会效益、生态效益在内的综合效益的乡村景观客体。它是以自然环境为基础、人文因素为主导的，人类文化与自然环境紧密结合的，由乡村地区的自然旅游资源、文化旅游资源和社会旅游资源共同构成的和谐的有机整体。旅游资源是旅游产品开发的依凭，旅游资源的调查与评价是旅游开发的基础性工作。倘若没有旅游资源，却硬性开发旅游项目和旅游产品，那么将容易产生短视行为，造成旅游摧毁旅游、旅游破坏乡村、旅游滞后振兴的后果。因此，我们需要充分调查、正确认识和评价乡村旅游资源。

3.1 概念

3.1.1 旅游资源概念

3.1.1.1 旅游资源定义

旅游资源是旅游理论和实践领域的重要概念。目前，有关旅游资源的研究论著数量众多。旅游类教材普遍将旅游资源作为旅游活动的客体并单列一章专门阐述，有的高校甚至将旅游资源作为一门课程单独进行教学。

与此同时，学者对旅游资源概念的界定有数十种之多。在西方国家尤其是英语世界，用来表达旅游活动的客体的词汇，并不是我们认为的汉语"旅游资源"的英语对译词 tourism resource，而是 tourist attraction（旅游吸引物）。与"旅游资源"不同的是，tourist attraction 不仅包括丰富的旅游资源，而且包括完备的接待设施和优良的服务，甚至包括舒适快捷的交通资源。在我国的旅游规划实务中，人们一般认为，具有较强吸引力的旅游服务和旅游设施也可以成为旅游资源。

我国学术界存在着旅游资源是指旅游活动资源还是指旅游业资源的争论。这一分歧是隐藏在旅游资源概念理解中的最大分歧，即"旅游资源"中的"旅游"，到底是指旅游者的活动，还是指旅游业的活动，抑或是指旅游业。从语义理解规则看，"旅游"一词在不加后缀的情况下，显然是指人类的旅游活动，而不是指产业；从历史进程看，人们的旅游活动应先于旅游业出现。因此，旅游资源被理解成旅游（者）活动资源是符合汉语语言规律的。这也是绝大多数的旅游资源定义将对旅游者具有吸引力作为必要元素的原因。不过，事实上，由于旅游活动资源也可以给旅游业带来财富，因此将旅游资源理解为旅游业资源，或者被旅游业所用的吸引物资源也有其合理性。我国早期关于旅游资源开发、利用、普查、评价的论著、文件和项目，大多基于的是旅游活动资源这个含义。因此，"旅游资源"中的"旅游"，应该既指旅游者的活动，又指旅游业的活动。《旅游资源分类、调查与评价》（GB/T 18972-2017）中对旅游资源的定义就包含了以上两层意思。该国家标准将旅游资源定义为："自然界和人类社会凡能对旅游者产生吸引力，可以为旅游业开发利用，并可产生经济效益、社会效益和环境效益的各种事物和现象。"

3.1.1.2 旅游资源特点

（1）旅游资源具有吸引力

是否具有旅游吸引力是判别某一事物是否属于旅游资源的重要依据。旅游资源的涵盖面很广，涉及整个自然界和人类社会。根据存在形式的不同，旅游资源可分为以下三类：一是有形的物质资源，如山川、河流；二是无形的非物质资源，如神话传说；三是有形的物质资源和无形的非物质资源的结合体，这类旅游资源较为多见，如孟姜女哭长城的故事、故宫与历代王朝的故事、泰山与历代皇帝封禅的故事、雷峰塔与许仙和白娘子的故事等。旅游资源的吸引力具有群体倾向性或定向性特征，如农村的田园风光之于城市人、城市的高楼大厦之于农村人都是具有吸引力的旅游资源。

（2）旅游资源具有可变性

由于旅游需求具有可变性，因此，旅游资源不是一成不变的，而是带有发展的性质，一般表现为某些事物在存在之初并没有被作为旅游资源，但随着旅游需求的变化而成为具有吸引力的旅游资源；反之亦然。例如，革命遗迹刚开始不是旅游资源，后来却成为旅游资源。

（3）旅游资源具有强烈的区域性

自然旅游资源是自然环境的重要组成部分，同时受到自然环境的影响与制约，因此自然旅游资源具有区域性差异。例如，海岛低地、热带风光、椰林夕阳、高山积雪等都与其所处的自然环境有关。不仅自然旅游资源受自然环境的影响，而且人文旅游资源也在很大程度上由自然环境决定。人们在长期的生产与生活中，为了寻求适宜的生存条件，不得不顺应自然、适应自然。因而，人类创造的各种人文景观大多受到自然环境的影响，带有区域性特征。以民居建筑为例，四合院、小胡同是老北京的标志，而窑洞是黄土高原的特色；内蒙古草原上的牧民主要居住在帐篷与毡房中，而西南部潮湿地区的居民更喜欢吊脚楼；等等。可见，这些民居建筑的特点都与当地的自然环境密切相关。

（4）旅游资源具有不可移动性

特色旅游资源一般集中分布在与其个性特征相适应的地区，具有强烈的地方色彩、区域特征。离开了个性特征，旅游资源的吸引力将大大降低甚至消失。例如，把少量的秦始皇兵马俑运到外地去展出，效果将不尽如人意：一方面，离开了秦始皇兵马俑博物馆，人们很难感受到深厚的历史积淀；另一方面，由于数量较少，因此人们无法体会到两千多年前秦军的兵强马壮与气势磅礴，以及秦始皇统率百万大军横扫六合、北却匈奴、南平百越，进而统一中国。又如，湖南、贵州等地的吊脚楼如果作为景点被移到其他地区，那么游客可能很难理解为什么要费那么大工夫建造似乎没有什么用途、还要人们爬上爬下的小竹楼。这也是许多仿造的旅游景点面临的共同问题：仿真、逼真，甚至可以以假乱真，但由于缺乏区域环境的气氛烘托，因此游客难以获得良好体验。综上，旅游资源的开发利用应遵循属地原则，即在旅游资源地进行开发，而不是把旅游资源迁移到其他地方进行开发。事实上，大量旅游资源是不具备迁移可能性的。当然，现实中也存在旅游资源流动开发的现象，如流动展览、异地民俗表演，但这些不是旅游资源开发的主流。

（5）旅游资源具有永续利用性

旅游产业之所以被称为无烟产业、绿色产业、朝阳产业，是因为旅游资源一般都具有永续利用的特征。对大部分旅游资源来说，旅游者在旅游过程中不能将其消耗掉。例如，山水风光、城镇风貌、名胜古迹等形成的旅游资源只供旅游者参观体验。旅游者只能带走其对旅游资源的美好印象，而绝不可能把这些旅游资源带走。又如，对安徽黄山风景区的标志性景观——迎客松而言，尽管每年都有上百万游客观赏、与之合影，但迎客松依然时时在迎客。这是因为迎客松不是实物消费形式的旅游资源，所以其可以为人们长期利用。当然，也有少量旅游资源，如食品类的旅游资源会在旅游活动中被旅游者消耗掉，这在乡村旅游中表现得较为明显，这些可消耗的旅游资源需要通过自然繁殖、人工饲养、栽培来补充。但是，需要指出的是，可消耗的旅游资源的长期使用也是相对的，因为在旅游过程中这类资源会不断减少，甚至消失。因此，即使是可长期使用的旅游资源，我们也必须对其进行可持续开发，如安徽黄山风景区对各景点实行轮休制度，即每个景点在接待游客几年后就封闭一段时间，使该景点内的自然植被、生态环境能够得以恢复。综上，在旅游资源的开发利用中，我们需要采取各种保护措施，一方面减少人为破坏，另一方面延长使用期限。

（6）旅游资源具有一定的文化属性

大多数旅游资源具有一定的文化内涵和文化属性，蕴含着一定的哲理。从这一层面看，旅游活动不应仅满足人们的休闲需要和猎奇心理，更应该成为一种文化交流活动，即人们能通过观光、游览、参与和体验，丰富阅历、增长见识。例如，各种遗址遗迹、经典建筑，除了能增加人们的历史文化知识外，还能激发人们探索自然奥秘的激情、拓展人们的思维。通过旅游活动，一些文学家、艺术家、科学家常常能产生思想火花，甚至创造历史伟业。例如，唐代伟大的浪漫主义诗人李白，每到一处名山大川，都会有感而发，留下脍炙人口的吟咏景点的诗篇。旅游资源的文化属性虽是吸引旅游者的一个重要方面，但要获得这种文化享受，旅游者往往需要拥有较高的文化修养与精神境界。旅游活动的真正价值实际上体现在旅游者通过对景点的文化内涵进行领悟，找到自身与景点间的契合点，这是进行旅游增值开发的关键，也是旅游产业长期可持续发展的关键。因此，进行旅游开发，不仅应深入研究旅游资源的文化内涵，更应采取一定的措施，将蕴含于旅游资源的文化内涵充分地传达给旅游者，使表象旅游演化为内涵旅游，从而增强旅游资源的吸引力。因此，近年来，旅游开发注重把旅游融入文化产业，把文化融入旅游过程，实现以文塑旅、以旅彰文，使人们在旅游过程中感受文化魅力、增强文化自信。《中华人民共和国国民经济和社会发展第十四个五年规划和 2035 年远景目标纲要》提出推动文化和旅游融合发展，并要求加强区域旅游品牌和服务整合，建设一批富有文化底蕴的世界级旅游景区和度假区。《"十四五"旅游业发展规划》提出："坚持以文塑旅、以旅彰文。以社会主义核心价值观为引领，让旅游成为人们感悟中华文化、增强文化自信的过程，推动旅游业实现社会效益和经济效益有机统一。"

3.1.2 乡村旅游资源概念

3.1.2.1 乡村旅游资源定义

乡村旅游资源是旅游资源的一部分，指乡村范围内的自然界和人类社会中能对旅游者产生吸引力，可以为旅游业开发利用，并可产生经济效益、社会效益和环境效益的各种事物和现象。

旅游资源的核心要素是吸引力。因此，乡村旅游资源同样应具备吸引力这个特性。由于乡村旅游的本质是获得对乡村性的体验，因此乡村旅游资源的核心要素，即乡村吸引力的本源亦应是乡村性。乡村性也是乡村旅游资源的最大特点。乡村性反映在乡村空间的各个层面，是生态、生产、生活景观的综合呈现。同时，乡村性受地域的影响较大，地方性主导了乡村性的内容，也强化了对旅游者的吸引力。在把握乡村旅游资源定义时，应将重点放在基于地方性的乡村性上，而既具备地方性特征又承载乡村性表征的产物是乡土景观，故而推论，乡村旅游资源的本体应是乡土景观中的本土识别与地方感知。

3.1.2.2 乡村旅游资源特点

除具有旅游资源的一般特点外，乡村旅游资源还具有以下特点：

（1）人与自然的和谐性

乡村旅游资源是人类长期与自然环境相互作用、相互影响的结果。它的形成过程就是人与自然环境不断磨合的过程。人们经过与自然环境的反复较量，逐渐认识并掌握了自然规律。当人们尊重自然规律时，大自然就给予人们回报；反之，就给予人们惩罚。因此，源于人们对自然环境长期改造和逐渐适应而形成的乡村旅游资源是人与自然共同创造的财富。

（2）空间分布的广泛性

世界上除沙漠地区和酷寒地带外，广泛分布着从事农业的居民。在不同自然条件下，人们通过世代努力，创造了各具特色的乡村景观。它们广泛分布于世界各地，其中不少可以作为乡村旅游资源，因此乡村旅游资源在空间分布上具有广泛性特点。

（3）多样性

乡村旅游资源的构成要素既有自然环境和人文因素，又有物质成分与非物质成分。内容丰富、类型多样。乡村旅游资源既包括农村、牧村、渔村、林区等农业景观，又包括集镇、村落等聚落景观。因此，乡村旅游资源具有多样性特点。

（4）地域性

乡村旅游资源与自然环境、社会环境的关系十分密切。在不同环境中，乡村旅游资源形成了不同景观类型。即使同一种景观类型，在不同环境中也有不同特征。例如，不同气候带形成了相应的农业带。又如，由政治、宗教、民族、文化、人口、经济、历史等要素形成的不同社会环境往往又形成了不同乡村民俗文化，如服饰、礼仪、庆典等。可见，环境的差异性导致乡村旅游资源具有明显的地域性特点。

（5）整体性和系统性

在人与自然环境的长期作用下形成的乡村旅游资源，是由多种要素构成的和谐统一体。任何要素的变化都会引起乡村旅游资源的变化。乡村旅游资源既受自然规律的支配，又受社会规律的影响，是一个复杂的系统。因此，乡村旅游资源具有整体性和系统性特点。

（6）季节性

乡村旅游资源的季节性既表现在人们于一年内有规律地生产、生活，又表现在生产、生活随季节变化而呈现出周期性特点。

（7）民族性

民族文化是重要的乡村旅游资源，各民族都有本民族特有的文化。信息的频繁交流，导致不同的民族文化相交融，使原有的民族文化发生变异。而在广大乡村，区位、交通、通信的限制导致民族文化的传承性较强，使原有的民族文化能较为完整地保留下来，故乡村旅游资源具有明显的民族性特点。民族性越强的乡村旅游资源越具有吸引力。

（8）时代性

乡村旅游资源是一定历史时期的产物，深刻地反映了时代特色。随着经济社会的进步、科学技术的发展，乡村旅游资源也在发生相应的变化。从乡村旅游资源的变化中，我们可以清晰地看到时代发展的轨迹。因此，乡村旅游资源具有时代性特点。

（9）保护性

乡村生态环境是一个由自然生态系统和社会生态系统共同构成的复杂生态系统，且相当脆弱，一旦被破坏就较难恢复。乡村生态环境不仅是旅游活动的客观环境，也是广大农民赖以生存与发展的重要基础。因此，我们在开发利用乡村旅游资源时，必须遵循自然规律，把保护乡村生态环境放在首位，始终坚持保护性开发的原则。

（10）文化性

乡村中的工艺美术、民居建筑、音乐舞蹈、婚俗禁忌、趣事杂说等都有着深厚的文化底蕴。乡土社会中的区域本位主义，家乡观念，历史悠久、内涵丰富的民间文化，使乡村旅游资源具有神秘性与淳朴性，这对游客来说是一种极大的诱惑。

（11）独特性

我国乡村地区受城镇化的影响较小，绝大多数地方还保持着原有的格局风貌。各异的风土人情、乡风民俗，使乡村旅游资源具有独特性，以及城镇旅游资源无可比拟的贴近自然的优势，为游客远离尘嚣创造了条件。

（12）可实践性和可体验性

乡村旅游不是单一的游览项目，而是包括观光、娱乐、康疗、民俗等在内的多功能复合型活动。游客可通过品尝农产品（如蔬菜瓜果、畜禽蛋奶、水产品）或参与农业生产实践活动（如耕地、播种、采摘、垂钓），从中体验民风民俗，并获得与农业生产相关的知识，感受乐趣。

3.2　分类

3.2.1　旅游资源分类

资源是自然界、人类（劳动力）和文化（科学技术）相互作用的产物。资源具有客观实在性的特征，是人类生存与发展的物质基础。资源学研究除了明确资源的本质属性外，还需要对资源进行分类。面对数量庞大、形式多样的资源，我们应当建立恰当而简明的分类标准，否则不仅难以区别资源的性质和特点，而且无法对资源进行鉴别、评价和量化分析。因此，科学的分类是从总体上把握资源的重要手段和关键步骤，也是对资源进行量化分析的前提和基础。

作为旅游业发展的基础、旅游调查的重要对象，旅游资源具有广泛性、复杂性等特点。因此，合理、准确的分类能够帮助人们正确认识各类旅游资源的特点与性质，推动相关行业和部门以此为依据有效开展对旅游资源的调查、评价和开发工作。可见，科学的旅游资源分类能为旅游资源评价工作的顺利开展提供重要保障。旅游资源分类标准较多。例如，按照属性的不同，旅游资源可以分为自然旅游资源、人文旅游资源、社会旅游资源；按照内容的不同，旅游资源可以分为游览鉴赏型旅游资源、知识型旅游资源、体验型旅游资源、康乐型旅游资源等；按照性质的不同，旅游资源可以分为观赏型旅游资源、运动型旅游资源、休（疗）养型旅游资源、娱乐型旅游资源、特殊型旅游资源等。又如，在传统旅游中，旅游资源包括自然景观资源、人文景观资源、民俗风情资源、传统饮食资源、文化资源、工艺品资源、都市和田园风光资源等。再如，在现代旅游产业中，旅游资源包括观光型旅游资源，度假型旅游资源，生态型旅游资源，滑雪、登山、探险、狩猎等特种旅游资源，美食、研学、医疗保健等专项旅游资源。按照《旅游资源分类、调查与评价》（GB/T 18972-2017），旅游资源分为五个等级。

《旅游资源分类、调查与评价》（GB/T 18972-2017）是在 2003 年版的基础上修订的版本。现行版本在不改变既定分类标准和原则的基础上，对原有的旅游资源分类进行了继承性修编，既保留了主类-亚类-基本类型的三级分类结构，又增强了旅游资源分类的包容性。现行版本的突出变化主要表现在以下几个方面：

首先，现行版本对旅游资源分类作了取消重复类型、归并同类的简化处理。其中，亚类减少了 8 个，基本类型减少了 45 个，即现行版本将旅游资源分为 8 个主类、23 个亚类、110 个基本类型。例如，现行版本对"生物景观"主类之下的亚类进行了精简，将原来的"树木""草原与草地""花卉地"亚类统一合并为"植被景观"亚类。又如，对

"建筑与设施"主类，将其之下原来的七项亚类合并为三项亚类，分别为"人文景观综合体""实用建筑与核心设施""景观与小品建筑"（见表3-1）。

其次，现行版本增加了景观基本类型，涵盖了许多近年来出现的旅游资源。例如，在"水域景观"主类的基本类型中加入"现代冰川"，囊括了冰雪旅游带动下涌现的人造旅游资源；在"天象与气候景观"主类的基本类型中加入"地表光现象"，主要包括现代灯光技术催生的全新旅游资源，如民俗灯会、灯光秀、光影表演等。

再次，现行版本提升了对非物质文化遗存的关注度。例如，将"历史遗迹"主类划分为"物质类文化遗存"和"非物质类文化遗存"两大亚类，其中"非物质类文化遗存"亚类的基本类型中加入了新类型，具体包括"民间文学艺术""地方习俗""传统服饰装饰""传统演艺""传统医药"和"传统体育赛事"六类。

最后，现行版本细化了旅游购品并对应调整了名称表述。例如，将"旅游商品"主类的表述换成了"旅游购品"，并且在对亚类的划分上更加细致。将"旅游购品"主类划分为"农业产品""工业产品"和"手工工艺品"三大亚类，取代了原"旅游商品"主类下"地方旅游商品"的单一亚类。

表3-1　《旅游资源分类、调查与评价》中旅游资源分类的变化

主类	亚类（2003年版）	主类	亚类（2017年版）
A 地文景观	AA 综合自然旅游地	A 地文景观	AA 自然景观综合体
	AB 沉积与构造		AB 地质与构造形迹
	AC 地质地貌过程形迹		AC 地表形态
	AD 自然变动遗迹		AD 自然标记与自然现象
	AE 岛礁		

表3-1(续)

主类	亚类（2003 年版）	主类	亚类（2017 年版）
B 水域风光	BA 河段	B 水域景观	BA 河系
	BB 天然湖泊与池沼		BB 湖沼
	BC 瀑布		BC 地下水
	BD 泉		BD 冰雪地
	BE 河口与海面		BE 海面
	BF 冰雪地		
C 生物景观	CA 树木	C 生物景观	CA 植被景观
	CB 草原与草地		CB 野生动物栖息地
	CC 花卉地		
	CD 野生动物栖息地		
D 天象与气候景观	DA 光现象	D 天象与气候景观	DA 天象景观
	DB 天气与气候现象		DB 天气与气候现象
E 遗址遗迹	EA 史前人类活动场所	E 建筑与设施	EA 人文景观综合体
	EB 社会经济文化活动遗址遗迹		EB 实用建筑与核心设施
			EC 景观与小品建筑
F 建筑与设施	FA 综合人文旅游地	F 历史遗迹	FA 物质类文化遗存
	FB 单体活动场馆		
	FC 景观建筑与附属型建筑		
	FD 居住地与社区		FB 非物质类文化遗存
	FE 归葬地		
	FF 交通建筑		
	FG 水工建筑		
G 旅游商品	GA 地方旅游商品	G 旅游购品	GA 农业产品
			GB 工业产品
			GC 手工工艺品

表3-1(续)

主类	亚类（2003 年版）	主类	亚类（2017 年版）
H 人文活动	HA 人事记录	H 人文活动	HA 人事活动记录
	HB 艺术		
	HC 民间习俗		HB 岁时节令
	HD 现代节庆		

3.2.2 乡村旅游资源分类

乡村旅游资源分类可以按照《旅游资源分类、调查与评价》（GB/T 18972-2017）、其他行业标准及规划需要进行划分。

3.2.2.1 按照乡村性分类

随着乡村振兴战略的实施，以及"产业兴旺、生态宜居、乡风文明、治理有效、生活富裕"总要求和"产业振兴、人才振兴、文化振兴、生态振兴、组织振兴"五大振兴内容的提出，乡村资源越来越受到重视。如前文所述，乡村旅游资源的最大特点是乡村性。因此，以乡村性为出发点，我们可以对乡村旅游资源进行分类。乡村性主要体现在如下三个方面：

第一，乡。乡村与城市对应，乡村与城市是特质不同的聚落形态。典型的乡村代表较小的村镇规模、较低的人口密度、良好的生态环境等。

第二，土。土意味着地缘，它能使人们在特定的地理环境中形成相似的生活习惯，代表着质朴、保守、勤俭，具体体现在民宿、服饰、饮食、歌舞等方面。

第三，农。农指农业生产的历史、现状、场景及文化。农业生产具有传统性、现代性和参与性。

依据"乡""土""农"三个方面的主要特征，我们可以对乡村旅游资源进行分类。其中，"乡"对应农村生态资源，"土"对应农民生活资源，"农"对应农业生产资源。综上，乡村旅游资源总体可分为主类、亚类和基本类型3个层次，共计3个主类、8个亚类、39个基本类型。

（1）农村生态资源

农村生态资源包括自然生态资源和田园生态资源2个亚类。其中，自然生态资源包括水域风光、地文景观、天象与气候、动植物4个基本类型；田园生态资源包括农田、种植园、养殖园3个基本类型。

（2）农民生活资源

农民生活资源包括特色人文活动、特色建筑与遗址遗迹、特色物产与工艺3个亚类。其中，特色人文活动包括地名、方言、人物、历史事件、文艺团体、文学艺术作品、传说与典故、地方习俗与民间礼仪、民间演艺、民间健身活动与赛事、宗教与祭祀活动、庙会与民间集会、特色服饰、现代节庆14个基本类型；特色建筑与遗址遗迹包括传统与乡土建筑、特色街巷、特色社区、交通建筑、历史事件发生地、名人故居与历史纪念建筑、废弃生产地7个基本类型；特色物产与工艺包括农林畜产品与制品、传统手工产品与工艺品、中草药材及制品、水产品与制品、菜品饮食5个基本类型。

（3）农业生产资源

农业生产资源包括特色农业资源、传统农业生产资源和现代农业生产资源3个亚类。其中，特色农业资源包括特色农作物、特色养殖2个基本类型；传统农业生产资源包括传统农业生产活动、传统农业生产设施2个基本类型；现代农业生产资源包括现代农业生产基地和现代农业生产设施2个基本类型。

此种分类，改变了传统的从人文、地理的角度对乡村旅游资源进行分类的方式，更加注重乡村本身的特性。此种分类在对乡村旅游资源进行系统性归纳的同时，整理和总结了细分指标，突出了生产和生活类资源，强调了产业、文化等要素在乡村旅游发展过程中的重要性，能够适应旅游发展需要，推动旅游规划工作。

3.2.2.2　按组合方式分类

（1）乡村田园景观旅游资源

田园景观是乡村旅游资源中的主要构成部分，包括大规模连片农田带、经济果林与蔬菜园区，以及一定面积的天然或人工水面等。

（2）乡村聚落景观旅游资源

乡村聚落是人类活动的场所。它既是人们居住、生活、参加社会活动的场所，又是人们进行生产劳动的场所。我国的乡村聚落分为以下几种类型：集聚型村落，即团状、带状和环状村落；散漫型村落，即点状村落；特殊型村落，即由帐篷、土楼和窑洞组成的村落。乡村聚落的形态特征、分布特点及建筑布局构成了乡村聚落景观旅游资源的丰富内涵。这类旅游资源具有整体性、独特性和传统性等特点，反映了村民的居住方式，往往成为某乡村区别于其他乡村的显著标志。

（3）乡村建筑景观旅游资源

乡村建筑包括乡村民居、乡村宗祠及其他建筑。不同地域的乡村民居代表了一定的地方特色，其因风格迥异而给游客以不同的感受。例如，青藏高原的碉房，内蒙古草原的毡包，喀什乡村的阿以旺①，云南农村的干阑②，黄土高原的窑洞，东北林区的板屋，三江平原的五凤楼、围垄及土楼等。这些乡村建筑千姿百态，具有浓郁的乡土风情。而

---

①　阿以旺是新疆维吾尔自治区常见的一种传统地方民居形式。在维吾尔族语中，"阿以旺"寓意为"明亮的处所"。阿以旺既是完全封闭的室内空间，又是一个带天窗的大庭院。这种建筑至少已有2 000年历史，具有十分鲜明的民族和地方特色。

②　干阑是一种下部架空的居住建筑。它具有通风、防潮、防兽等优点，对气候炎热、潮湿多雨的中国西南部亚热带地区非常适用。干阑多为竹木结构，一般为两层的高脚楼房，底层一般不住人，是饲养家禽的地方，上层是人们居住的地方。

乡村宗祠，如气派恢弘的祠堂、高大挺拔的文笔塔、装饰华美的寺庙等，见证了乡村的发展历史。

（4）乡村农耕文化旅游资源

我国的农耕文化源远流长，劳作形式种类繁多，有刀耕火种、水车灌溉、围湖造田、渔鹰捕鱼、采药摘茶等。这些都充满了浓郁的乡土文化气息，对城市居民、外国游客极具吸引力。

（5）乡村民俗文化旅游资源

乡风民俗反映出特定地域的生活习惯与风土人情，是当地文化长期积淀的结果。不同民族的传统节日不尽相同，如藏族有藏历年、雪顿节等，彝族有火把节等，傣族有泼水节等。此外，游春踏青、龙舟竞渡、赛马、射箭、荡秋千等民俗活动都具有较高的旅游开发价值。各地的舞龙灯、舞狮子，陕北的大秧歌，东北的二人转等，都为人们喜闻乐见。民间工艺品，如年画、蜡染、扎染、石刻、刺绣、草编、泥人、面人等也因鲜明的乡土特色而深受游客青睐。

3.2.2.3 按文化特性分类

按文化特性的不同，乡村旅游资源分为以下三大类：

（1）乡村物质文化旅游资源

乡村物质文化旅游资源是集体或个体智慧的外在显现，具有可视性、可触性特点。它包括乡村建筑、乡村服饰、乡村工艺品，以及乡村特殊地域的田园风光等。乡村建筑是乡村空间特色的重要表征，如陕北窑洞、福建土楼等。乡村服饰是村民审美意识的外在表现，具有地域性、时代性、民族性特点。例如，土家族村落的织锦、壮族村落的蜡染布等。乡村工艺品由乡土艺人所创，反映出村民的心灵手巧，如内蒙古村落的鼻烟壶、重庆綦江的版画。田园风光与村民的聚居地紧密相关。由于村民在选择聚居地时会考虑诸多因素，要么为防御，要么为生产、生活与发展，因此田园风光会因这些因素的不同而有地域差异，如内蒙古鄂伦春的林海雪原风光、海南黎寨的热带雨林风光。

（2）乡村制度文化旅游资源

乡村制度文化指的是聚居在一定地域范围内的人群为维护乡村社会的稳定而约定俗成的伦理道德及礼仪规范。它一般体现在乡村的权力制度、乡村的礼仪规范、乡村的节庆程序方面。乡村的权力制度是指村民在历史发展过程中，为了防御、增强凝聚力、提升乡村形象而约定俗成的权力规范。乡村的权力制度受权力主持人（一般由族长或具有较高文化程度的人担任）、权力组织、权力奖惩制度的影响。

在古老的村落中，一旦某位村民犯戒或立功，权力主持人就会安排权力组织讨论，并在祠堂中实行奖惩。这种现象随着法律知识的普及已基本消亡，但在个别偏远少数民族村落仍然存在。乡村的礼仪规范包括日常礼仪与重大礼仪两部分。日常礼仪又包括饮食礼仪、婚丧嫁娶礼仪等方面。乡村的节庆程序集中体现了乡村的礼仪规范。乡村的节庆可分为生产节庆、青年节庆、纪念节庆、新年节庆等。

（3）乡村精神文化旅游资源

乡村精神文化指村民作为一个稳定共同体所具有的相似心理结构与情感反应模式等，潜藏于乡村物质文化与乡村制度文化中。乡村精神文化是无形的，游客只有通过长期的体验才能感受到。例如，分布于闽北、赣南地区的客家人拥有与中原地区人民类似的内敛性格，这与当地人的外向性格形成强烈反差。这种性格影响下的民居建筑表现为以宗祠为中心、由三个圈层构成的同心圆结构。最外一层是防御外来入侵的壁垒，中间一层是客家人的居住区，最里一层是宗祠。总而言之，在乡村文化的构成中，精神文化是内核，决定了其他两种文化；制度文化是精神文化与物质文化的过渡部分，是维系乡村情感的纽带之一；物质文化是乡村文化的外在表现形式。

3.3 评价

3.3.1 旅游资源评价

目前，国内已形成一套较为成熟的旅游资源评价技术体系。评价方法从早期的以定性评价为主，转向以定性评价与定量评价相结合为主，并不断丰富完善。从评价标准的层次看，有旅游行业的国家标准，也有从实际出发制定的细化的地方标准。按照大类分，评价方法主要包括定性评价和定量评价两种。

3.3.1.1 国家标准

国家标准《旅游资源分类、调查与评价》（GB/T 18972-2017）规定了旅游资源评价赋分标准和等级。目前，国内以《旅游资源分类、调查与评价》（GB/T 18972-2017）为主要评价标准。森林公园和风景名胜区也有采用《中国森林公园风景资源质量等级评定》（GB/T 18005-1999）、《森林公园总体设计规范》（LY/T 5132—95）、《风景名胜区总体规划标准》（GB/T 50298-2018）等标准对旅游资源进行评价的。

在旅游资源评价中，最大的问题就是比较主观。旅游资源本身的特性，决定了评价方法和评价技术在实践方面存在诸多问题。例如，主观评价易、客观评价难；单项评价易、综合评价难；硬指标（如数量、规模）评价易，软指标（如社会价值、经济价值、环境价值）评价难等。2017 年版国家标准的颁行虽然在一定程度上规范和整合了评价方式与评价方法，但该版本中的评价方法仍然存在一些问题。具体而言，2017 年版国家标准在旅游资源的评价方面继续采用直接打分的方法。这种做法虽然简单、可操作性强，但是分数的评定很难有明确的依据，导致评价主观、随意等问题。例如，在对旅游资源的观赏价值、游憩价值、使用价值进行评价时，不同档次的划分标准是极高、很高、较高、一般。这种划分标准主要依据高低程度来判断，而在实际操作过程中，个体的主观因素会在很大程度上影响评级结果。不同的专家面对同一种旅游资源可能会作出不同的等级评判，这不利于旅游资源整合开发工作的开展。

在旅游资源的等级划分中，2017 年版国家标准将五级旅游资源称为特品级旅游资源，将五级旅游资源、四级旅游资源、三级旅游资源统称为优良级旅游资源。那么，在进行等级评定时，五级旅游资源究竟是特品级旅游资源还是优良级旅游资源？这显然存在分歧与矛盾。因此，如何使旅游资源评价的数理模型和概念体系规范化、科学化，成为旅游资源评价实践中需要重点思考的问题。

3.3.1.2 评价方法

（1）定性评价方法

定性评价方法有助于人们从总体上把握旅游资源的特征，但具有主观性强、随意性大的缺点。定性评价方法也叫经验法，要求评价者基于对旅游资源的个人体验得出结论。它主要包括一般体验性评价法、"三三六"评价法、美感质量评价法、五星级评价法等方法。在乡村旅游资源的定性评价方法中，以"三三六"评价法、态势（SWOT）分析法为主。

一般体验性评价法主要通过分析专家的调查问卷、旅游书籍的记载等方式来确定旅游资源的等级。"三三六"评价法由学者卢云亭提出，其中的"三三六"即"三大价值""三大效益""六大开发条件"。"三大价值"指旅游资源的历史文化价值、艺术观赏价值、科学考察价值，"三大效益"指旅游资源开发后所带来的经济效益、社会效益、环境效益，"六大开发条件"指旅游资源所在地的交通条件、景象地域组合条件、旅游环境容量、旅游客源市场、投资能力、施工难易程度。美感质量评价法以旅游者或专家的一般体验性评价结论为基础，通过建立规范的评价模型，进行深入分析，形成具有可比性的评价结果。五星级评价法以国家标准《旅游资源分类、调查与评价》中的资源要素价值、资源影响力和附加值为评价指标进行旅游资源评价。

（2）定量评价方法

定量评价方法指对旅游资源的各项指标进行量化，如根据公式或权重计算指标得分。它包括技术性评价法、建模综合评价法、国家标准评价法等方法。

技术性评价法指对特定旅游资源评价适宜度的方法。建模综合评价法主要指建立科学的指标体系，并运用数理方法对旅游资源进行计算、排序的方法。国家标准评价法指根据国家颁布的相关评价标准，对旅游资源进行分类评价的方法。定量评价方法能对旅游资源评价要素进行分层处理，使评价结果更为准确、客观。但由于计算过程繁琐、特征数值采集困难，因此定量评价方法在实践中难以推广。此外，虽然计算过程是量化的、客观的，但是指标选择及权重确定的主观性难以避免。

目前，定性评价方法与定量评价方法相结合成为旅游资源评价方法的主要发展方向。用得最多的是层次分析法（AHP法）。AHP法是一种定性评价方法与定量评价方法相结合，数据处理更简便、灵活的多准则决策方法。AHP法将决策者的经验、依据予以量化，以增强判断的准确性。该方法首先把复杂的问题分解为若干因素，其次将这些因素按支配关系分组，从而形成有序的递阶层次结构（递阶层次结构从上到下一般由目标层、准则层、子准则层、方案层构成），再次通过两两比较确定递阶层次中诸多因素的相对重要性，最后结合专家的意见，形成对诸多因素的总排序。

综合以上分析，笔者认为，第一，今后的研究应引入更多方法。例如，将聚类分析法、人工神经网络技术等单独或联合运用于乡村旅游资源评价。第二，今后的研究应借助其他平台。例如，接入地理信息系统（GIS），构建更加全面的矢量数据库，以进行图层数据分析。

3.3.2 乡村旅游资源评价

作为旅游资源的一种类别，乡村旅游资源主要按照《旅游资源分类、调查与评价》（GB/T 18972-2017）进行评价，也可参照《中国森林公园风景资源质量等级评定》（GB/T 18005-1999）、《森林公园总体设计规范》（LY/T 5132—95）、《风景名胜区总体规划标准》（GB/T 50298-2018）等进行评价。因此，乡村旅游资源的评价方法目前基本在旅游资源的评价方法范围内。

众多学者在乡村旅游资源评价领域做了大量研究工作。他们采用定性评价方法、定量评价方法，或者定性评价方法和定量评价方法相结合的方法，对不同地区的乡村旅游资源进行评价，得到不同的评价结果，并利用评价结果对乡村旅游资源开发利用提出建议。汇总并分析众多学者的建议，笔者发现，这些学者较多地从提升乡村旅游资源观赏价值、保护特色文化、完善基础设施建设、强化政策支持和拓宽投融资渠道等方面出发，根据具体评价地区、具体评价结果，按照重要性对以上要素进行排序，从而提出合理的乡村旅游资源开发利用建议。这几个要素其实正是乡村旅游资源能够得到开发利用的重要条件。

乡村旅游资源具有观赏价值是乡村旅游能够实现产业化的前提，如果某地区的乡村旅游资源观赏价值较低，则该地区发展乡村旅游业是有一定困难的。自然风光优美的乡村要优先打造成为当地旅游业的招牌，积极推出乡村旅游观光项目。特别是一些风景秀丽的城镇郊区，更应加速发展，这能够吸引城镇居民的关注。乡村旅游资源一般要通过人为方式来补齐短板，如通过完善配套设施来提高观赏价值。乡村旅游资源开发最好以自然风光最为优美的地点为中心，纳入一些周边的自然风光一般的乡村旅游资源，形成以点带线、以线带面的整体模式。

特色文化包括独特的民俗文化、以古代遗迹为载体的历史文化等。独具特色的乡村文化是乡村旅游的灵魂所在，可以提升游客对旅游地的主观体验。乡村文化的本土性是体现某地乡村旅游资源独特吸引力的关键所在，能够满足游客寄托乡愁和寻找精神家园的心理需求。

良好的基础设施建设是优质乡村旅游资源的重要表征。旅游地的基础设施和服务质量直接关系到游客的切身利益，因此，旅游地应当加大硬件设施建设力度，大力发展交通，改善住宿条件、卫生条件，为更好地服务游客、发展乡村旅游奠定良好的基础。

强化政策支持和拓宽投融资渠道是保护特色文化、完善基础设施建设的保障。政府部门应该充分发挥指导作用和主观能动性，可以聘请专家在充分考量自然风光、特色文化、基础设施建设等的基础上谋划制定本地区的旅游发展规划；应加强乡村旅游资源的整合开发，出台有利于项目开发和社会主义新农村建设的政策，使农民既能改善居住环境，又能获得经济收益；应积极招商引资，多渠道多方式筹措资金，拓宽社会资本流入渠道。

4 国内外乡村振兴模式分析

  乡村振兴不是一个单纯的经济议题，而是一个涉及产业发展的概念，涵盖经济、社会、生态、文化等多个领域，要求我们必须转变思想，改变固有的乡村发展思路，真正从乡村本位出发，探索出一条适合中国乡村的可持续发展的路径。我国在改革开放后，仅用了几十年就走完了西方主流发达国家几百年的发展之路。与此同时，这些国家面临过的城乡社会问题在我国也出现了，并在我国突出表现为城乡发展不平衡。随着 2021 年中央一号文件的出台，乡村振兴在全国范围内如火如茶地进行。放眼全球，一些发达国家、领先区域在发展乡村方面有一些成功的做法值得借鉴。国内各地也实践和总结了系列乡村振兴的成功模式。国内外的乡村振兴虽然侧重点不同，但大多与乡村旅游进行了一定程度的结合。这证明了乡村旅游可以为乡村振兴提供新动能。在有市场基础、资源基础的乡村发展旅游，将大有可为。

4.1 国外乡村振兴模式分析

4.1.1 因地制宜型——日本的造村运动

4.1.1.1 适用背景

第二次世界大战后，日本政府为了加快社会经济的发展速度，实行了一系列城市偏向政策，注重发展城市工业，片面追求经济发展，以求快速推动整个国家的繁荣。这种政策导致城乡发展的不均衡和农村发展的滞后。为了振兴农村，实现城乡一体化发展的目标，大分县时任知事平松守彦率先在全国发起了以"立足乡土，放眼世界""自立自主，体现民意""培养人才，面向未来"为原则的造村运动。在日本政府的大力倡导与扶持下，各地区根据自身的实际情况，因地制宜地探索富有地方特色的农村发展之路，形成了为世人称道和效仿的"一村一品"发展模式。

4.1.1.2 振兴要点

日本在乡村治理中，以挖掘本地资源、突出地方特色为重点，因地制宜地利用乡村资源来推动农村建设，最终实现乡村的可持续发展。

4.1.1.3 成功之道

第一，日本政府根据本国的地形特点、自然条件，建立了独具特色的农产品生产基地，如水产品产业基地、香菇产业基地、肉牛产业基地等。

第二，为了提升农产品的附加值，日本政府采取对农副产品实行一次性深加工的策略，充分发挥农业协同组合的作用，在生产、加工、流通和销售环节建立产业链，促进产品的顺利交易。

第三，为进一步完善教育指导模式，日本政府开设各类农业培训班，建立符合农民需求的补习中心，提高农民的综合素质。

第四，日本政府对农业生产给予大量补贴，支持农村发展。

综上，造村运动振兴了日本农村经济，促进了日本农业现代化的实现。

4.1.1.4 模式总结

在具体的乡村治理实践中，因地制宜型乡村振兴模式较为注重具体问题具体分析。它要求各地通过整合和开发本地资源，形成区域性的经济优势，从而打造富有地方特色的品牌产品。从当前我国农村发展的现状来看，找到适用于所有地区的标准化乡村治理模式极为困难。因此，我们可以借鉴因地制宜型乡村振兴模式，充分发挥本地优势，提升乡村社会的整体效益。

4.1.2 自主协同型——韩国的新村运动

4.1.2.1 适用背景

和日本的造村运动的出现背景相似，韩国的新村运动也是在国内重点发展工业经济、壮大城市，从而导致城乡两极分化、农村人口大量外流、贫富差距悬殊的情形下开展的。20 世纪 70 年代，韩国政府为了改善城乡关系、推动农村发展、增加农民收入，决定在全国兴起以"勤勉、自助、协同"为基本精神的新村运动。自主协同型乡村振兴模式是一种科学的发展策略。

4.1.2.2 振兴要点

自主协同型乡村振兴模式是以低成本来推动农村跨越式发展的典型模式，主要通过政府大力支持与农民自主发展相结合的方式实现乡村治理的目标。

4.1.2.3　成功之道

第一，针对当时农村基础设施落后的状况，韩国政府在乡村积极兴建公共道路、地下水管道、河道桥梁，以改善农村生活环境、提升农民生活质量。

第二，通过改变农业生产方式、推广水稻新品种、增种经济类作物、建设专业化农产品生产基地来增加农民的收入。实施农户副业企业计划、新村工厂计划及农村工业园区计划，是韩国政府为了优化农业产业结构、增加农民收入而采取的重要措施。

第三，培育和发展互助合作型的协同组织，为各类农户提供专业服务和生产指导，以此促进城乡共赢。

第四，在农村建立村民会馆，开展各类文化活动，激发农民的积极性。

第五，在农村开展国民教育活动，提高农民的知识文化水平，创造性地让农民自己管理乡村和建设农村。新村运动的开展改变了韩国落后的农业国面貌，使乡村焕发了活力，促进了农业现代化目标的实现。

4.1.2.4　模式总结

自主协同型乡村振兴模式是一种自下而上的乡村发展方式，是在城乡差距较大的国家或地区非常适用的一种乡村治理模式。一方面，政府为了维护自身的合法地位、塑造良好的形象，需要对农村进行整治和改造；另一方面，长期处于贫困境地的农民非常愿意通过自身的努力来改变落后的现状、增加收入和提高生活质量。

4.1.3　循序渐进型——德国的村庄更新

4.1.3.1　适用背景

第二次世界大战之后，德国作为战败国，经济遭受重创。为了恢复和发展经济，德国大力推进建设。由于广大农村地区的劳动力和土地资源十分廉价，加之德国针对农村地区出台了一些财政补贴政策，因此许多新兴的工业企业迁移到农村地区，这使得乡村地区原有的风貌被严重破坏。此外，德国面临乡村基础设施待修复、农村生活水平待提高等问题。为了保护环境和古建筑物、改善乡村土地结构、实现农业现代化、保证城乡之间的平衡，德国于 1954 年正式提出村庄更新的概念。村庄更新倡导乡村居民积极参与，注重乡村的整体发展和可持续建设。

4.1.3.2　振兴要点

村庄更新是德国强化乡村治理的核心举措。循序渐进型乡村振兴模式将乡村治理看作一项长期的社会实践工作。在这个过程中，德国政府通过调整法律法规，对农村改革进行规范和引导，逐渐将乡村推向繁荣。

4.1.3.3　发展阶段

德国的乡村治理起步于 20 世纪初期，村庄更新是德国政府完善农村社会治理的主要方式，其历经了不同的发展阶段：

1936 年，德国政府颁布并实施《帝国土地改革法》，由此开始对乡村的农地、生产用地及荒废地进行合理规划。

1954 年，村庄更新的概念正式被提出。在《联邦土地整理法》中，德国政府将乡村建设和农村公共基础设施完善作为村庄更新的重要任务。

1976 年，德国政府在总结村庄更新经验的基础上，不仅首次将村庄更新写入修订的土地整理法中，而且试图在保持村庄的地方特色和突出优势的前提下，整顿社会环境和完善基础设施。

到 20 世纪 90 年代，村庄更新融入了更多的生态发展元素。乡村的文化价值、休闲价值和生态价值被提升到和经济价值同等重要的地位。德国政府更加关注村庄的可持续发展。

村庄更新的周期虽然较长，但是村庄更新产生的价值是巨大的，带来的影响是深远的。对乡村治理来说，这种循序渐进的发展模式更能使农村保持活力和特色。

4.1.3.4 模式总结

循序渐进型乡村振兴模式是针对经济社会的快速发展，政府需要不断调整现行的乡村治理目标、方式和手段，以提升农村社会的整体效益。循序渐进意味着这是一个长期的发展过程。

在循序渐进型乡村振兴模式下，政府通过宏观层面的规划和综合管理，依靠制度文本和法律框架促进农村社会的有序发展。

4.1.4 精简集约型——荷兰的农地整理

4.1.4.1 适用背景

荷兰是在土地资源匮乏的情况下成长起来的世界农业大国。荷兰的国土面积仅为 4 万多平方千米，但荷兰却成了位居世界前列的农产品出口大国，这样的成就和荷兰实行精简集约型乡村振兴模式是密切相关的。

荷兰全境为低地，1/5 的土地源于围海造田。农地整理一直是荷兰解决农业发展问题的核心工具。农地整理是指将土地整理、复垦与水资源管理等进行统一规划，以提高农地利用效率。几乎所有的农村建设项目和农业开发项目都要依托土地整理而开展。

4.1.4.2 成功之道

荷兰先后颁布的《土地整理法》与《空间规划法》为乡村发展作出了重要贡献。

早在 20 世纪 50 年代，荷兰政府就颁布并实行了《土地整理法》，明确了政府在乡村治理中的各项职责，制定了乡村发展的基本策略。在此之后，通过的《空间规划法》对乡村社会的农地整理进行了详细规定，指出乡村中每一块土地的使用都必须符合法案条文。

1970 年以后，荷兰政府重新审视了农地整理的目标，通过更加科学合理的规划和管理，减少农地利用的碎片化现象，实现农地经营的规模化。从荷兰农地整理的发展方向来看，该国政府已经改变了过去只强调农业发展的单一路径，而转向多目标体系的乡村建设。譬如，推进可持续发展的农业，提高自然景观的质量；合法规划农地利用，促进乡村旅游和服务业发展；改善乡村生活，满足地方需求等。通过农地整理，荷兰的乡村不仅环境好、景观美，而且农业发达，农民的生活条件也日益优越。

4.1.4.3　模式总结

精简集约型模式是指在农村资源相对有限的情形下，通过对乡村土地进行精耕细作、多重精简利用，达到规模化和专业化生产、取得经济效益和社会效益的目的。精简集约型模式一方面促进了农村经济的发展，保护了乡村地区的自然生态环境；另一方面有助于村庄城市化及实现可持续发展。

4.1.5　生态环境型——瑞士的乡村建设

4.1.5.1　适用背景

生态环境型模式是指政府在乡村建设中，通过优美的环境、独具特色的乡村风光及便利的交通设施来实现农村社会的增值发展，提升农村的吸引力，其中瑞士的乡村建设最为典型。

瑞士国土面积小，丘陵、山地多于平原，耕地面积有限，农业发展的规模小且成本高，农业人口在总人口中的占比很低。多年来，瑞士致力于乡村治理，使全国各地的乡村大多整洁有序、环境优美，邮政电信服务和道路交通网络等基础设施全面覆盖。

随着城市化的推进，瑞士的农村和农民不断减少，但是瑞士政府依旧将乡村发展作为推动国家前进的重要力量，努力实现乡村社会的繁荣。

4.1.5.2 成功之道

生态环境型模式的核心是使农业农村不断适应生态系统,将乡村的农业经济价值与生态、人文、休闲、旅游等附加价值相结合。该模式涵盖收入增加、生活质量提高、农业转型、环境保护和旅游观光等要素。宏观的农业农村政策框架辅以有针对性的措施,使得农村特别是山区的生活条件和经济状况持续改善。

与此同时,瑞士围绕生态农业主题不断优化农业农村发展结构。针对农村尤其是农业保护区,推广生态平衡项目,改善农村供排水和灌溉系统,加强对水资源和土壤的管理,对耕地实施长期保护;化解农村土地权益冲突,重新分配土地所有权和租赁权,协调农村定居点和农业生产区之间的利益关系;兼顾各利益相关方的需求,在制定农村发展战略及政策措施时突出包容性;合理开展农村大型基础设施建设项目及土地开发项目,谨慎使用土地资源,维护农民的生计。

瑞士还制定国家级农业农村发展规划,为各方提供政策指导框架。其中,既有可直接实施的具体措施,又有中长期规划,涉及的内容包括扩大农业生态网络,协调农业发展与自然保护的关系,推动城市与乡村建立相互依存的关系,发展环保型、可持续型农业和食品工业等。这些规划把乡村建设及繁荣提升到战略高度,将改善农村特别是山区的生活条件和经济状况作为一项长期任务。

瑞士还注重美化乡村环境,增强农村吸引力,通过发展高附加值的旅游休闲和文化项目,推进农村发展多样化,优化农村土地功能和用途,在确保农业生产顺利进行的同时保护自然景观。

4.1.5.3 模式总结

生态环境型模式以绿色、环保理念为依托,强调将乡村社会的生态价值、文化价值、休闲价值、旅游价值及经济价值相结合,从而提高乡村生活质量,满足地方发展需求。生态环境型模式在工业发达、城市化水平较高及乡村建设已经处于领先地位的发达国家比较适用，是实现农村现代化的样板模式。

4.1.6 综合发展型——法国的农村改革

4.1.6.1 适用背景

综合发展型模式以满足实现农村现代化的需求为核心，通过农村建设的集中化、专业化及大型化等方式推动乡村综合发展。该模式以法国的农村改革为典型。法国作为经济发达的资本主义国家，既是一个工业强国，又是一个农业富国。

法国的农村改革始于 20 世纪 50 年代。当时，法国的农业人口占总人口的比重约为 50%，主要农产品依靠从殖民地进口，农业现代化水平不高，劳动生产率提高缓慢，农产品长时间在国际市场上缺乏竞争力。对此，法国政府实施了以调整工农关系、推进现代农业、开展领土整治为主要内容的农村改革。经过二十多年的努力，法国由农产品净进口国变为净出口国，成为世界上最重要的农产品出口国之一。

4.1.6.2 成功之道

法国只用了二十多年时间就实现了农村现代化，这主要源于法国政府采取了适宜的发展策略，积极有效地推进了农村改革。法国的农村改革主要包括两方面内容：发展一体化农业和开展领土整治。

所谓发展一体化农业，就是在生产专业化的基础上，由资本家与农场主通过控股或缔结合同等形式，利用现代科学技术和现代企业管理方式，把农业与同农业相关的工业、商业、运输业等结合起来，组成利益共同体。发展一体化农业能够将农业和其他相关行业结合起来。其他行业提供资金和技术指导，带动农业发展，实现对农业的支持和反哺。

开展领土整治，即法国通过出台相关法律法规帮助和支持经济欠发达地区的乡村，以实现农村社会资源的优化配置，加快农村现代化建设。

法国在发展一体化农业和开展领土整治的工作中，非常注重通过财政扶持、技术保障及教育培训等方式来支持乡村建设，助推乡村社会治理。这些措施最终能够加快乡村地区的发展，使城市和乡村地区的发展速度、经济实力趋于平衡。

4.1.6.3　模式总结

综合发展型模式是在国家的整体规划和科学指导下，通过有效协同的方式，加强各部门之间的联系。该模式能够很好地整合社会各部门的优势资源，使其共同致力于推动乡村社会的发展。综合发展型模式强调建立完善的合作机制，以融合和互促的手段建设利益共同体，形成工业农业共同发展的良性经济循环，从而加快农业现代化的实现。

4.1.7　城乡共生型——美国的小城镇建设

4.1.7.1　适用背景

20 世纪初，美国的城市人口不断增加，城市过度拥挤，许多中产阶级向郊区迁移，这极大地推动了小城镇的发展。汽车等交通工具的普及、小城镇基础设施的完善及自然环境的优越，进一步助推了小城镇的成长。美国小城镇的发展与美国政府推行的小城镇建设政策有着密不可分的关系。

4.1.7.2　成功之道

城乡共生型模式以城乡互惠共生为原则，通过城市带动农村、城乡一体化发展等策略推动乡村社会的发展，最终形成工业与农业、城市与农村共赢的局面。该模式以美国的小城镇建设为典型。美国是世界上城市化水平最高的国家，在乡村治理过程中，非常推崇通过小城镇建设来实现农村社会的发展。

1960 年，美国推行"示范城市"试验计划，实质就是通过分流大城市的人口来推动小城镇的发展。在小城镇的建设上，美国政府强调打造个性化功能，结合区位优势体现地区特色，实现便利生活和休闲旅游的多重目标。

到 21 世纪，小城镇已经建立了相对成熟的管理体制和规章制度。美国政府利用这些管理体制和规章制度，对小城镇的经济社会进行统筹监管，保证小城镇发展的有序与稳定。

4.1.7.3 模式总结

城乡共生型模式产生于特殊的社会环境，多见于经济发展程度较高的发达国家，以完善的农村公共服务体系和便利的城乡交通条件为基础，能够全面提升国家的现代化水平。在城乡共生型模式下，政府部门在追求经济目标的同时，会重视乡村生态、乡村文化、乡村生活的多元化发展。

4.1.8 伙伴协作型——加拿大的农村计划

4.1.8.1 适用背景

伙伴协作型模式是政府与村民在充分交流和沟通的基础上，通过跨部门合作形成战略伙伴关系，最终共同致力于乡村善治目标的实现。该模式以加拿大的农村计划为典型。加拿大虽然是世界上的发达国家之一，但其城乡之间也存在贫富分化的情况。

为了改变城乡之间贫富分化的现象、激发乡村社会的活力，加拿大政府颁布并实施了农村计划，加强农村基础设施建设和公共事务治理，加大对村民的就业问题、教育问题的解决力度。

4.1.8.2 成功之道

伙伴协作型模式主要包括四个方面的内容：

第一，建立跨部门的农村工作小组，解决乡村问题，提高工作效率，降低政府的行政管理成本。

第二，建立农村对话机制，定期举办交流学习会、在线讨论会等活动，及时掌握民意。

第三，推动开展不同主题的农村项目，激发企业和个人到农村创业的热情。

第四，在欠发达地区的农村建立信息服务系统，为村民提供信息咨询服务和专家指导建议。

4.1.8.3 模式总结

伙伴协作型模式改变了以往政府高高在上的形象。政府通过协调各部门之间的关系，与村民形成新型合作伙伴关系，积极帮助村民改善生活，促进农村现代化的快速实现。伙伴协作型模式的主要价值在于，通过城市与农村经济社会的均衡发展，提高农村社会的整体效益，实现城乡协调发展。

4.1.9 创新技术型——新加坡的都市农业

4.1.9.1 适用背景

现今放眼新加坡，一片繁华之景。城市中绿地较多，几乎看不到农田。新加坡根据国土面积少的特点，形成了特殊的都市农业发展结构。新加坡的国土面积仅为 700 多平方千米，自然资源并不丰富，境内既没有名山大川，又缺少文物古迹。同时，随着城市化进程不断加快，耕地日益减少。为了在有限的农业土地上尽可能地产生更大的经济效益，新加坡将高科技引入农业。从 20 世纪 80 年代起，新加坡政府拨出一块土地，用于设立农业科技园，吸引国内外的企业家前去投资开发高科技农业。农业与高科技相结合，推动集约化生产，实现了农业现代化。同时，利用生物工程，实现品种优良化。由于把高科技引入农业，新加坡的农业生产效益明显提升。

4.1.9.2 成功之道

第一，现代集约型的农业科技园。

现代集约型的农业科技园是新加坡都市农业的重点发展对象。新加坡都市农业的发展以追求高科技和高产值为目标，以建设现代集约型的农业科技园为载体，最大限度地提高农业生产力。农业科技园由国家投资建设，通过招标的方式租给个人或公司经营。每个农业科技园内都有不同性质的场所，如鸡场、胡姬花园、鱼场、牛羊场、蘑菇园、豆芽园等。这些场所应用最新、最实用的技术，以取得比常规农业更高的产量。

第二，富有创意的"垂直农场"。

提起新加坡都市农业，不得不提及"垂直农场"。这一节能环保型农场的动力能源取自太阳能、风能及不可再利用的植物废料。"垂直农场"用污水来灌溉。人们可以利用封闭的灌溉系统循环用水以减少用水量，避免径流造成水土流失、肥力下降。

第三，农业发展服务业化。

现代集约型的农业科技园在做好果树、蔬菜、畜禽等种养的同时，形成了强大的旅游和科技教育功能。每年到农业科技园参观的游客达上百万人次。新加坡在城区建立小型的农林牧生产基地，既能为城市提供时鲜农产品，又能取得非常可观的观光收入。

4.1.9.3 模式总结

新加坡素有"花园城市"之美誉。在几乎没有农业的背景下发展都市农业，新加坡注重以下几点：一是建设现代集约型的农业科技园，提高食品自给率；二是兴建科学技术公园，提升生产力水平；三是发展都市型科技观光农业，推动社会进步。

综上所述，多数发达国家的乡村治理走过了漫长的历程，形成了多种模式。这些乡村治理模式尽管类型多样、特点各异，但是都使政府部门、农民协会、乡村精英、普通村民、企业、高等院校、金融机构等参与主体发挥了重要作用，充分体现了多中心治理理论的观点，从而实现乡村社会的稳定发展。根据发达国家与我国在乡村治理过程中面临的问题，我们可以找到乡村治理的共同规律与基本原则：成功的乡村治理离不开政府部门站在发展农业、改善农民生活和保护乡村生态的"利农"角度发挥的统筹主导作用，具体表现为政府部门提供政策支持和资金保障，从而推动乡村的发展与繁荣。

4.2 国内乡村振兴模式分析

党的十九届五中全会提出要"优先发展农业农村，全面推进乡村振兴。"党的二十大报告指出："全面推进乡村振兴。……坚持农业农村优先发展，坚持城乡融合发展，畅通城乡要素流动。加快建设农业强国，扎实推动乡村产业、人才、文化、生态、组织振兴。"全国各地因地制宜，探索出许多新模式，展现了一幅幅乡村振兴的美丽画卷。

4.2.1 "三融合"发展——浙江德清模式

近年来，浙江省湖州市德清县立足实际，根据乡村发展的优势条件和自身特点，探索出独具特色的"三融合"发展模式。"三融合"包含产业融合、产村融合和城乡融合三个层次。德清县通过绿色发展、数字化转型，形成特色产业链，实现产业融合；通过以产兴村、以村促产，破解产业升级、村庄经营难题，实现产村融合；通过改革破壁垒推动城乡互促共进，实现城乡融合。

4.2.1.1 依靠旅游发展经济

德清县依托名山、湿地、古镇等旅游资源，充分发挥自然风光、民俗风情、地理位置等方面的优势，结合美丽乡村建设，大力推进村庄景区化改造。积极发展现代生态农业，开展乡村旅游项目。

4.2.1.2 优化资源要素配置

德清县紧紧围绕"富民强村"这一核心内容，有效整合资金、土地、劳动力等资源要素。自 2015 年起，德清县以农村集体经营性建设用地入市改革试点为契机，全面提升农村产权收益；同时，充分发挥乡贤参事会优化资源配置、凝聚人心人力的作用。

4.2.1.3 引进数字技术赋能

德清县将数字技术与实体经济深度融合，不断催生新业态、激发新动能。例如，推动生产智能转型，推进业态"链上嫁接"。此外，德清县通过数字技术打造可视化治理系统，构建"数字乡村一张图"。

4.2.2 城乡一体化——湖南浔龙河生态模式

早在 2012 年，湖南省长沙市长沙县浔龙河村就开始打造生态艺术小镇项目。该项目后被列入长沙县城乡一体化试点示范目录。项目从盘活乡村资源和改善民生两部分入手，破解城乡一体化发展难题，形成了以教育产业为核心、生态产业为基础、文旅产业为抓手、康养产业为配套，四大特色产业有机结合、相容并生的产业布局。这种模式的基本思路是通过推动土地集中流转、环境集中治理、村民集中居住的"三集中"，实现村民的就地城镇化；通过土地改革和混合运营，发展生态、文化、教育、旅游、康养五大产业，促进农民致富增收，逐步实现"产业兴旺、生态宜居、乡风文明、治理有效、生活富裕"。

4.2.2.1 土地确权

浔龙河村成立土地产权调查小组，邀请专业的测绘队进行勘测，对村民组的四界范围，林地，耕地及塘坝、河流、道路等公共用地进行测量确认。土地确权登记有效解决了农村集体土地权属纠纷。浔龙河村为农民确权颁证，使土地权利更加清晰。

4.2.2.2 发展产业

产业是浔龙河村可持续发展的基础。浔龙河村抓住独特的地缘优势，兼顾农业农村农民的利益，统筹小城镇建设，布局生态产业、文化产业、教育产业、旅游产业和康养产业。产业之间形成了互为依托、相互促进的关系。其中，生态产业、文化产业、教育产业为基础产业。

4.2.3 "七化"发展——山东寿光模式

山东省寿光市围绕产业标准化、农业园区化、农产品品牌化、农民职业化、经营市场化及乡村宜居化、公共文化服务均等化等方面，打造乡村振兴的新模式。

4.2.3.1 产业标准化

2018 年，由农业农村部和山东省人民政府共建的全国蔬菜质量标准中心落户寿光，成立了多名院士领衔、近百名专家加盟的团队，启动了 118 项国家标准、行业标准、地方标准的研制工作。

4.2.3.2 农业园区化

自 2018 年以来，寿光市建设了占地上万亩①的现代农业园区，大力推进蔬菜产业转型升级。一个大棚就是一个"绿色车间"，一个园区就是一个"绿色工厂"。

4.2.3.3 农产品品牌化

"寿光蔬菜"成功注册为集体商标。粤港澳大湾区"菜篮子"产品配送分中心落户寿光。以"寿光蔬菜"为核心的千亿级蔬菜产业集群成功入选全国首批 50 个特色农产品优势产业集群。寿光市还打造了"七彩庄园""寿光农发"等企业品牌及"乐义蔬菜""金彩益生"等

---

① 1 亩≈666.67 平方米，下同。

蔬菜单体品牌。国家地理标志产品数量不断增多。

4.2.3.4 农民职业化

寿光市积极培育新型职业化农民，开展了科技大培训，吸引了一批90后青年人才回乡创业。

4.2.3.5 经营市场化

寿光市建立市场化经营体系，在用好农产品物流园等传统市场的同时，主动适应农产品销售由线下向线上转移的新趋势，与阿里巴巴、京东、拼多多、字节跳动等平台开展合作。通过线上渠道销售的蔬菜占比大幅度提升。

4.2.3.6 乡村宜居化

2019 年，寿光市全面启动美丽乡村暨农村人居环境综合提升三年行动计划，设立专项奖补资金；坚持把基础设施建设的重点放在农村，全面实施厕所、道路、暖气、污水等方面的"十改"工程，不断推进乡村绿化工作；在全省率先实现城乡环卫一体化全覆盖。通过坚持走绿色发展道路，寿光市打造了一系列山清水秀、村美人和的田园村庄。

4.2.3.7 公共文化服务均等化

寿光市加快推进城乡公共文化服务均等化，开展标准化建设，打通公共文化服务"最后一公里"；完善以市级公共文化设施为龙头、镇街综合性文化服务中心为纽带、村（社区）综合性文化服务中心为依托的三级公共文化服务网络体系；形成以城区文化辐射带动农村、以农村文化丰富反哺城区的城乡公共文化服务模式，让城乡居民同享"文化阳光"。

4.2.4 田园综合体——河北迁西"花乡果巷"模式

河北省唐山市迁西县开展乡村振兴示范区建设，打造以生态为依托、以旅游为引擎、以文化为支撑、以市场为导向的国家级田园综合体。迁西县致力于建设生态优良的山水田园、百花争艳的多彩花园、硕果飘香的百年果园、欢乐畅享的醉美游园和群众安居乐业的幸福家园。

4.2.4.1　推进一产现代化发展

迁西县依托良好的水杂果种植基础，打造果品全产业链发展模式，包括开展水杂果种植、果品生产加工、冷库仓储物流、市场交易集散、果品展览展销等项目，建设产业新村。

4.2.4.2　推进农文旅产业融合

迁西县打造乡村发展新业态，主要包括六个方面的内容：乡村景观、乡村休闲、乡村度假、乡村产业、乡村娱乐、乡村联动，实现乡村传统产业的转型升级。迁西县为县内村庄提供分类发展指引，形成"乡村+旅游""乡村+研学""乡村+交通""乡村+电商""乡村+度假""乡村+康养"等十大类型。

4.2.4.3　推进村容村貌整治

迁西县按照乡村振兴战略中"生态宜居"的要求，通过垃圾治理、污水处理、厕所革命、生态环境保护等措施提升村容村貌。

4.2.4.4　推进乡村振兴赋能

一方面，通过科技赋能，迁西县在乡村振兴示范区全面推进智慧生活、智慧生产、智慧服务、智慧管理，打造智慧乡村。

另一方面，通过教育培训赋能，迁西县成立"花乡果巷"振兴学堂，实施"小花小果能工"计划，旨在将自身打造成京津冀地区实施乡村振兴的研讨高地、培训高地和实践高地。

4.2.5　抱团发展——辽宁盘锦模式

近些年，辽宁省盘锦市以建设乡村振兴产业园为突破口，把建设优势转化为产业优势，变投入为产出，走出一条乡村建设示范、产业振兴输出之路。

4.2.5.1 打造生态品牌

盘锦市充分发挥区域优势，按照打生态牌、走精品路、实施产业化经营的发展思路，大力发展水稻种植、河蟹及鸭子养殖等特色生态农业。

4.2.5.2 打造特色产业

盘锦市着力实现农业产业化，扶持壮大了一批龙头企业，形成了"市场牵龙头、龙头带基地、基地连农户"的经营格局。目前，盘锦市已成为北方最大的粮食、河蟹生产区域。

4.2.5.3 打造"休闲旅游+农业"

盘锦市依托田园风光、乡土文化等资源，采取政府推动、社会参与、市场运作的办法，发展集种植养殖、农事体验、休闲观光、文化传承等于一体的各具特色的生态休闲观光农业，把种庄稼变为"种风景"，实现农区变景区、田园变公园，促进传统农业向现代农业转型。

4.2.5.4 打造高科技"5G"农业

盘锦市借助"第五代移动通信技术（5G）+人工智能（AI）精准种植养殖""5G+无人机植物保护""5G+人工智能病虫害智能诊断"提高农业生产水平，打造高效农业。

4.2.6 全产业链——四川崇州"天府粮仓"模式

四川省成都市崇州市围绕打造"水稻+"产业链，形成农商文旅跨界融合发展模式。崇州市围绕种好一棵稻（水稻种植优化）、做精一粒米（水稻精深加工）、做旺一个家（稻乡田园生活）发展农业生产，旨在最终实现一个梦（乡村振兴）。

4.2.6.1 水稻种植优化

崇州市与高校及水稻科学研究机构达成合作、共同开发，以优化种子筛选培育、推动高标准农田建设；与农民建立合作模式，通过培训、引导等方式培养职业农民；倡导科学种植方式，在区域内布局农业社会化服务网点以建立就地服务体系。

4.2.6.2　水稻精深加工

崇州市建立水稻粗加工、精深加工体系及水稻周边加工体系；建立从餐桌到田间的质量可追溯系统，以保障产品品质；建立品质大米标准。

4.2.6.3　建设大数据运营平台

崇州市与农业农村部信息进村入户项目运营商合作，建设天府好米大数据运营平台。

4.2.6.4　打造一体化田园综合体

崇州市依托川西林盘自然禀赋，盘活农村集体建设用地；立足"稻田+"农创体验，建设集国际竹稻艺术中心、稻作文化博览园、稻作文创集聚区等项目于一体的田园综合体。

4.2.7　农旅融合发展——贵州"三变"模式

贵州省六盘水市的舍亨村，立足旅游资源，实施"产业富村、商贸活村、生态立村、旅游兴村、科技强村"战略，建设农耕文化园、百草园和百花园、现代农业科技展示园，增强农业产业的观赏性、体验性和科普性，实现农业与旅游业深度融合。

舍亨村通过成立合作社及与旅游开发公司合作，使荒山、河流、洞穴、森林、河滩、土地等被量化成集体资产，再整合闲散资金成为集体股金。舍亨村凭借自然条件优势，引进经济发达地区的企业，使其投入资本和技术。舍亨村成立村级农民专业合作社，共同开发村庄资源，因地制宜发展村级经济，如引导农户开设农家旅馆、农家饭店，帮助农民开展特色种植养殖。

舍亨村的这种农业与旅游业融合发展的模式又被专家总结为"三

变"模式,即资源变资产、资金变股金、农民变股东。这种模式有利于吸引人才和集聚资源,解决农民就业问题,实现"三产"融合,最终达到共同富裕。

4.2.8 "党建+"——安徽岳西模式

安徽省安庆市的岳西县位于大别山腹地、皖西南边陲,是革命老区。近年来,岳西县以党建为引领,加强农村信用体系建设,充分利用红色教育基地资源,因地制宜,走出了一条"党建+"老区一体化振兴模式。

4.2.8.1 党建引领信用村建设

按照安徽省统一部署要求,岳西县依靠基层党组织,建立乡村信用评价体系,为引入资金、推进乡村振兴奠定信用基础。岳西县人民政府加强与金融机构的合作,开展农户信息采集,建立信用档案,进行信用等级评定。金融机构根据农户信用等级,为符合要求的农户批量授信,发放信用贷款。

4.2.8.2 发展特色产业

岳西县注重大健康、大旅游、大数据、大农业四大产业的发展,打造"一村一品""一村多品"产业发展格局,以"党员+农户""合作社+农户""公司+农户"等方式发展特色产业。

4.2.8.3 打造智慧农村

岳西县充分运用现代农业科技,积极推广智慧农机耕种、病虫害远程诊断、精准灌溉等技术,实现农业生产的在线监测、精准作业和数字化管理。

4.2.8.4 打造研学旅游项目

岳西县依托独特的革命老区资源,打造以红色文化传承、军事文化体验、国防民防科普为主题的研学旅游项目,以此带动民宿、康养等产业的发展。

4.2.9 "五位一体"发展——河南孟津模式

河南省洛阳市孟津区作为河南省的粮食核心产区、现代农业示范区、实施乡村振兴战略省级示范区，近年来形成了一种具有区域特色的乡村振兴模式。

4.2.9.1 农旅融合发展

孟津区充分利用现代农业资源，充分发挥都市近郊优势，大力整合农业园区、田园风光、黄河湿地等旅游资源，促进农业、旅游业融合发展。例如，孟津区打造了孟扣路果蔬产业集聚群、小浪底专用线高效特色农业观光带及"多彩长廊"国家级田园综合体等。

4.2.9.2 吸引乡土人才

孟津区充分利用区职业教育中心、党校，各村大讲堂、党员教育培训基地、农业技术推广中心等开展以实用技术为主的培训，尤其注重对新型职业农民和新型经营主体的培训，他们已成为孟津区带动农民增收致富的生力军。此外，孟津区专门出台农民工返乡创业工作实施方案等文件，从准入、税收、土地、融资、激励、环境等方面，制定灵活有效的政策措施，有针对性地扶持返乡农民工创业。

4.2.9.3 打造乡土文化品牌

孟津区以乡愁、乡情、乡望为主题，集中展示河洛地区的知名古建筑、古文化、古风俗、古技艺等，弘扬农耕文化和传承中原文明；大力发展乡村特色文化产业，如牡丹画产业等；深入挖掘剪纸、杂耍、书画、戏曲等民间艺术，开展民俗活动。

4.2.9.4 改善人居环境

近年来，孟津区通过开展垃圾清零、一村万树、厕所革命、拆违治乱等工作，使得乡村生活环境得到很大改观，打造出众多设施完善、整洁干净、生态宜居的美丽乡村。

4.2.9.5　党建引领乡村治理

孟津区不断探索党建引领的乡村治理体系，初步构建了共建共治共享的乡村治理格局，打通了为群众服务的"最后一公里"，同时打响做实了有困难找党员、要服务找支部的服务品牌。

4.3　对我国实施乡村振兴战略的启示

通过总结国内外乡村振兴的主要模式，笔者认为产业兴旺是实现乡村振兴的内生动力，延伸农业产业价值链是实现农业强、农民富的重要路径，构建"以城带乡"的城乡利益共同体是实现乡村振兴的重要基础，完善适度偏向农村的政策体系是实现乡村振兴的基本保障。

4.3.1　产业兴旺是实现乡村振兴的内生动力

综合本书前述部分对国外主要发达国家及国内部分区域农村经济发展模式的分析来看，这些模式都将培育具有一定竞争优势的产业作为支撑乡村经济发展的重点任务。从经济可持续增长的角度来看，一个国家或一个地区只有形成本土比较优势，且在与其他经济体竞争的过程中拥有具有较强竞争力的产业，才能为经济发展注入内生动力。因此，无论是推动农村地区的经济发展，还是推动城市地区的经济发展，培育优势产业都是政府部门的施策重点。

党的十九大报告在提出"实施乡村振兴战略"的同时，提出了"产业兴旺、生态宜居、乡风文明、治理有效、共同富裕"的总要求。国务院于 2019 年 6 月印发的《关于促进乡村产业振兴的指导意见》则明确："产业兴旺是乡村振兴的重要基础，是解决农村一切问题的前提。"两者都将产业兴旺放在重要位置。

同时，国内外在乡村经济发展中大多重视生态环境建设及产业融合发展。特别是在有旅游发展潜力的地区，当地政府大多重视乡村旅游在乡村经济发展中的作用。因此，我国农村地区可以打造观光、休闲、度假产品，提供特色旅游商品，从而为乡村振兴注入新动力。

4.3.2 延伸农业产业价值链是实现农业强、农民富的重要路径

从当前我国农村地区的产业结构来看，农业依然占据主导地位，并对农村经济发展、农民收入水平提升产生重要影响。此外，粮食安全始终是国家安全的重要组成部分，农业在国民经济和社会稳定发展中的基础性地位仍不可动摇。根据前述国内外乡村经济发展的经验，延伸农业产业价值链是实现农业强、农民富的重要路径。我国农村地区可以重点从以下四个方面着手：

一是推动农业与二三产业融合发展。根据学者的现有研究，产业融合发展会促进新业态、新模式、新技术的形成。推动农业与二三产业融合发展可以实现农民增收和农业增益，从而显著提升农业产业的附加值和竞争力。

二是提高农业科技创新水平。科学技术是第一生产力，也是现代农业领域的竞争焦点和农业现代化的重要表现。但是与城市相比，我国政府对农村地区的科技创新投入较少，这直接制约了农业竞争力和价值水平的提升。因此，为有效实现产业兴旺，我们应强化对农业农村的科技创新投入，加大对科技创新投入的补贴力度，促进先进技术在农业中的应用、推广。

三是推进农业品牌化。一方面，随着生活水平的不断提高，居民对农产品的质量、安全性、品种等的要求也在逐步提升。人们从需求端迫使农业生产者通过农业品牌化来塑造产品的高品质形象。另一方面，推进农业品牌化会给农产品带来溢价效应，可以提高农产品的附加值，有

助于消费群体的培育，提升农业从业者的收入和生产积极性。

四是加快发展绿色农业。化肥、农药等的过度使用，造成土地退化、水污染等不良后果，这不仅制约了我国农业的可持续发展，也给我们赖以生存的环境带来威胁，所幸这已经引起政府部门及社会各界的高度重视。目前，减少化肥、农药的用量，推动发展绿色农业，已经成为全社会的共识，也成为实现农业高质量发展的重要路径之一。

4.3.3 构建"以城带乡"的城乡利益共同体是实现乡村振兴的重要基础

城市集聚了大量人才、资本、技术等生产要素，与生产要素相对匮乏的农村形成鲜明对比。此外，城市是农产品销售的主要市场。因此，无论是从生产要素的供给端来看，还是从农产品销售的需求端来看，城市都是农村地区发展的重要推手。如何充分利用城市资源实现"以城带乡"，就成为乡村振兴中的重要问题。从我国城乡关系的发展现状来看，实现"以城带乡"，关键在于构建城乡利益共同体。

一是实现劳动力双向流动、土地市场一体化和金融市场普惠化。首先，在劳动力市场建设方面，应以同工同酬为基础，从法律上维护农民工群体的权益，消除农民工就业歧视，同时吸引城市优秀人才支援农村建设，实现劳动力市场双向流动。其次，在土地市场建设方面，应建立城乡统一用地市场，逐步探索农村宅基地市场化改革方案，全面盘活农村土地市场。最后，在金融市场建设方面，应坚持"普惠共享"的原则，推动城市金融机构向农村地区延伸，完善农村金融服务体系。

二是加快户籍制度改革，还原人口登记功能。一方面，户籍制度改革应以还原人口登记功能为方向，使居民的户籍身份与基本公共福利权益脱钩。另一方面，基于对改革成本较高、既得利益群体反对等现实情况的考虑，应采取渐进式推进的思路，同时建立并完善中央政府、地方政府、企业、农业转移人口四方共同分担的机制。

三是改变城乡分治局面，统筹城乡治理。推进城乡规划一体化可以达到促进农村发展、缩小城乡发展差距的目的。统筹城乡治理，一方面，应提升乡村治理在国家治理体系中的地位，避免乡村治理出现"真空"；另一方面，应以推进城乡规划一体化为突破口，改变城乡分治的行政管理体制，促进城乡居民公共服务均等化。

4.3.4 完善适度偏向农村的政策体系是实现乡村振兴的基本保障

我国城乡二元经济结构的形成及城乡发展差距较大，在很大程度上是优先发展重工业、以经济发展为中心等战略的长期实施所致。为振兴乡村经济、实现城乡协调发展，从政府部门的角度来说，首先要在城乡发展平衡之前实施适度偏向农村的政策。从 2019 年中央一号文件明确提出"坚持农业农村优先发展总方针"以来，适度偏向农村的政策体系逐步建立起来。从目前我国"三农"发展面临的主要问题来看，我们需要重点关注以下领域：

一是加快补齐农村基本公共服务短板。根据《中华人民共和国国民经济和社会发展第十四个五年规划和 2035 年远景目标纲要》，至 2035 年"基本公共服务实现均等化"，而在全国范围内，实现基本公共服务均等化目标的短板就在农村地区。因此，当前的政策重点应放在进一步加大对农村地区教育、医疗等基本公共服务的供给力度，在制度和标准方面加快实现城乡统一。

二是显著提升农村地区基础设施水平。一方面，以集约为导向，推动污水处理等市政公用设施在中心镇和城郊村布局，从而提高市政公用设施的使用效率。另一方面，在完善乡村地区的水、电等基础设施配置的同时，在有条件的农村地区，以数字乡村建设为切入点，加快布局一批新基建项目。

三是加大政策保障稀缺要素下乡的力度。从乡村振兴战略的实施情况来看，"一懂两爱"（懂农业、爱农村、爱农民）的乡村人才、长期根植于乡村的社会资本、先进的科学技术等是影响乡村振兴的主要稀缺要素。为有效吸引这些要素参与乡村建设，相关部门应进一步加大税收优惠、财政补贴力度，同时推进土地等资源的市场化改革，使政策适应吸引人才及集聚资本的需求。

5 我国乡村旅游资源的核心吸引力与乡村旅游发展模式

一般来讲，旅游开发会经历资源导向阶段、市场导向阶段、形象导向阶段、产品导向阶段和生态导向阶段五个阶段。在不同阶段，旅游开发都需要旅游资源，因为旅游资源是旅游开发中的重要元素，旅游资源可以创造出有价值的旅游产品，从而成为旅游地的经济效益源泉。此外，旅游资源是旅游产品开发的主要凭借，也是产生旅游吸引力的关键要素。因此，乡村旅游开发的前提是乡村旅游资源开发。没有乡村旅游资源的乡村旅游开发，是没有生命力的、不可持续的开发。

乡村旅游资源开发是指在科学的规划下，通过合理开发，将乡村区域现有的和未开发的乡村旅游资源转化为乡村旅游产品，从而产生经济价值、社会价值和生态价值。在乡村旅游开发中，大量投资创造出的乡村旅游资源的模式并不符合乡村振兴的要求。乡村振兴，绝不意味着去乡村建景区或主题乐园。国内外的乡村旅游发展经验表明：脱离乡村、脱离农业的乡村旅游是没有生命力的，甚至会带来旅游摧毁旅游、旅游破坏乡村、旅游滞后振兴的严重后果。

5.1 我国乡村旅游资源的核心吸引力

乡村旅游开发无论采用什么模式，都应该紧扣市场需要和乡村旅游资源，打造游客喜欢的乡村旅游产品，这是乡村旅游开发的基础性工作。目前，我国乡村旅游需求旺盛。因此，乡村旅游开发首先需要寻找乡村旅游产品的核心卖点——这个卖点既是乡村旅游吸引物（乡村旅游资源），又是游客的差异化体验。乡村旅游资源的核心吸引力的影响因素有很多，且会给不同游客带来不同感受，因此我们需要进行深度挖掘，如以下几种：

5.1.1 乡村环境

以乡村环境增强乡村旅游资源的核心吸引力，就意味着要利用农村的生态优势做文章，借助生态的稀缺性来吸引游客，将生态优势转化为赚钱优势。例如，在水资源优质的地区，我们可以围绕玩水、喝茶、餐饮等形成独特的水生态景区，从而吸引游客。

5.1.2 乡村景观

依靠乡村景观增强乡村旅游资源的核心吸引力，就需要利用农村的大面积花海、桃园等形成吸引人的景观。如果没有上述特色，那么利用造景技术创造有品位的园林，也能吸引人前来游玩。此外，可将农业产区建设成景区，将田园打造成公园，让游客愿意拍照并将照片发布在朋友圈中。简而言之，乡村应通过游客的社交平台使项目获得知名度，从而吸引更多的人前来游玩。

5.1.3　农特产品

随着生活水平的大幅度提升，人们越来越愿意为优质产品买单。虽然农村的农产品非常丰富，但普通的农产品越来越难卖。因此，乡村可通过改良技术、优选种类、科学种植、明确产品定位、使用高档包装等方法对农产品进行改造，打造品牌，毕竟高品质的知名农产品在市场上是很受欢迎的。

5.1.4　农耕体验

对种地、喂羊、收割、抓鱼等生产生活场面，农村居民早已司空见惯，而城市居民却觉得稀奇。因此，可以把采摘、捕鱼、养蚕、割稻等活动变成农作体验项目，划定体验区，让城市居民下田种地，"客串"农民角色，这会给他们留下独特的旅游印象。

5.1.5　农味

农家菜滋味十足、蔬菜禽畜鱼新鲜爽口、地方特色小吃风味悠长。因此，我们可将能触动游客味蕾的特色美食集中起来大力宣传。比如，将长街宴、少数民族特色餐等作为卖点，这对喜欢品尝各地美食的游客来讲，非常具有吸引力。又如，稻花鱼、山羊等现杀现做，已经成为一些农村地区的招牌旅游体验项目。

5.1.6　乡土风情

城市居民去乡下，要寻找的就是乡土味。有的地方把农村修建得越来越像城市，反而失去了部分来自城市的游客。乡村给人的感觉应当是粗放、质朴、简单，有的农民利用这些特点在自家种植园里摆上桌椅板凳、修起灶台，让从城市来的游客去地里拔菜，去河边淘米，上灶台炒菜、做饭。一顿饭下来，游客做得很"费劲"，但吃得很开心。

5.1.7　地方文化

有的乡村保留着赶集、逛庙会的传统；而有的乡村是少数民族村寨，其民俗风情与汉族地区相比，有着明显的差异。这些地方文化对外来游客来讲，非常具有吸引力，因此我们可以把这些文化引入乡村旅游项目，让游客增长见识、体验新奇。

5.1.8　乡愁

怀旧、念旧是人类的共性。很多城市居民在童年时生活在农村，有着深刻的乡土记忆和农耕记忆。针对这一点，有的乡村旅游项目把旧农具收集起来并列入展馆，可供游客体验种地、收割，让其追忆往事。

5.1.9　浪漫田园

乡间的田园开阔、宁静又多彩，桃花园、樱花林、玫瑰谷等都是人们谈情说爱的好地方。符合条件的地区可以在种植基地大规模种植玫瑰花，举办篝火晚会，开发玫瑰花苗认养、情侣手工制作香皂纪念品等项目，吸引青年游客来这里谈恋爱、求婚、举办纪念活动等。

5.1.10　教育意义

乡村的许多动植物的生长过程具有独特的教育价值。目前，不少小学开设了自然课堂、第二课堂等课程，教师可以考虑将这些课程安排在农业基地去讲授。

5.2 我国乡村旅游发展模式

依据不同的标准，我们可以划分出不同的乡村旅游发展模式。例如，根据投资者主体地位的不同，乡村旅游发展模式可以分为政府主导模式、农民主导模式、村集体主导模式、"农民+企业投资"主导模式等。又如，根据乡村旅游资源自身特色的不同，乡村旅游发展模式可以分为依托旅游地自然风光模式、依托民族元素模式、依托农业生产模式、依托原生态民俗模式等。

对于发展乡村旅游，国外已经有了不少成熟的模式，如美国的"度假农庄"模式、新加坡的"复合农业园区"模式、日本的"绿色旅游"模式等。这些模式都有一定的借鉴意义。我国各地基于本国国情、中华优秀传统文化和居民的消费习惯等，形成了一些独具特色的乡村旅游发展模式，主要可归纳为以下七种。

5.2.1 城市依托型：环城市乡村旅游发展模式

该模式源于北京大学吴必虎教授提出的环城游憩带理论。根据该理论，旅游逐渐成为环城市乡村的主要功能之一。依托城市的区位优势、市场优势等，环城市区域易形成一个规模较大、发展较好的环城市乡村旅游圈。

5.2.2 景区依托型：景区周边乡村旅游发展模式

在该模式下，位于知名旅游景区附近的乡村可以为景区提供多样化的配套服务和差异化的旅游产品。乡村与景区在空间分布上呈现嵌入式、散点式、点轴式等特点，在地域文化上具有一致性，但乡村使景区更加具有乡土气息，产生了开发一个景区、带活一方经济、致富一方百姓的效果。

5.2.3 产业依托型：特色庄园乡村旅游发展模式

该模式以产业化程度极高的优势农业为依托，通过拓展观光、休闲、度假、体验等功能，开发"农业+旅游"的组合产品，带动农副产品加工、餐饮服务等发展，促使农业向二三产业延伸，实现农业与旅游业协同发展。该模式适用于农业规模效益显著的地区，以大地景观、加工工艺和产品体验作为旅游吸引物，开发集观光、休闲、度假、体验等于一体的乡村旅游产品，从而带动餐饮、住宿、购物等行业的发展，最终形成强大的协同发展效应。

5.2.4 历史文化依托型：古村古镇旅游发展模式

古村古镇旅游是当前我国乡村旅游开发中的一个热点问题，也是我国乡村旅游体系中一种比较独特的类型。古村古镇以深厚的文化底蕴、淳朴的民俗民风和古色古香的建筑遗迹等受到游客的喜爱。但在乡村旅游开发过程中产生的保护与开发的矛盾、传承与商业化的博弈等，给景区发展带来了诸多困惑和限制。因此，古村古镇旅游要实现高效、可持续发展，就必须探索出一种既能最大限度地保护历史文化风貌，弘扬、传承中华优秀传统文化，又能产生经济效益的发展模式。

5.2.5 民俗依托型：乡村文化活化助推乡村旅游发展模式

随着民俗旅游的蓬勃发展，乡村文化不可避免地受到冲击，有的甚至逐渐消亡。面对乡村文化保护和乡村旅游开发的矛盾，面对当地居民追求宁静生活与发展旅游经济的博弈，目前国内外学术界尚未找到公认的合适的路径。在该模式下，乡村旅游未来该如何发展，如何实现利益共享，如何寻找发展平衡点？回答以上问题对推动类似景区的发展具有积极的现实意义。

5.2.6　创意主导型：传统民间艺术助推乡村旅游发展模式

民间艺术是区域内民众生活的具体体现，主要包括陶艺、布艺、木艺、雕刻、刺绣、皮影、泥塑、书画、铜艺等，代表了一个民族或一个地区的文化特征，具有独特性。这使得民间艺术逐渐成为乡村文化创意旅游的重要载体。创新传统民间艺术，不仅能丰富乡村旅游体验，更有助于强化旅游目的地的品牌形象。

5.2.7　科技依托型：现代科技引导乡村旅游发展模式

现代科技在生产生活中发挥着越来越重要的作用。在部分发达国家，如荷兰、新加坡，由科技引导农业建设的实践为我国的乡村旅游发展提供了借鉴。近年来，我国启动的国家科技园区建设项目加速了我国现代农业科技的发展。由现代科技引导的、展现农业风貌的项目逐渐转化为集教育、观光、休闲、体验、购物于一体的乡村旅游产品，从而成为未来我国乡村旅游发展中的重点关注对象。

6 精准扶贫背景下的乡村旅游资源 开发模式

2021 年 2 月 25 日，习近平总书记在全国脱贫攻坚总结表彰大会上庄严宣告："经过全党全国各族人民共同努力，在迎来中国共产党成立一百周年的重要时刻，我国脱贫攻坚战取得了全面胜利，现行标准下9 899万农村贫困人口全部脱贫，832 个贫困县全部摘帽，12.8 万个贫困村全部出列，区域性整体贫困得到解决，完成了消除绝对贫困的艰巨任务，创造了又一个彪炳史册的人间奇迹！"在精准扶贫时期，我国部分地区形成的乡村旅游资源开发模式是可复制、可推广的模式，对优化乡村振兴背景下的乡村旅游资源开发模式具有借鉴意义。

精准扶贫背景下的乡村旅游资源开发模式充分利用农村区域的旅游资源，以农业为基础，以旅游业为动力，以发展经济为目标，旨在提高农村人民群众的生活水平，实现农村贫困人口的全面脱贫，建设美丽乡村。在精准扶贫时期，我国各地涌现了许多乡村旅游资源开发的成功做法。2021 年 10 月，文化和旅游部推出《体验脱贫成就·助力乡村振兴全国乡村旅游扶贫示范案例选编》（以下简称《案例选编》），总结展示乡村旅游扶贫成果，巩固拓展脱贫攻坚成果与乡村振兴有效衔接。《案例选编》收录了全国范围内 100 个典型案例，聚焦产业融合模式、创业就业模式、文化传承模式、生态保护模式、乡村治理模式、创新提升模式六大类型。

6.1 产业融合模式

产业融合模式指以优势产业为依托发展旅游业，带动贫困地区发展农产品加工业、服务业、种植业等产业，促进农民增收致富、农业转型升级、农村美丽繁荣，使乡村经济由单一的农业经济转变为一二三产业融合发展的多元化经济。北京市绿蜻蜓特色果蔬产销专业合作社是探索形成产业融合模式的代表。

6.1.1 扶贫成效

2020 年，北京市绿蜻蜓特色果蔬产销专业合作社接待会员、游客 5 万多人次，年营业额达 1 400 万元，休闲经济年均增长超过 25%，帮助每户年增收 4 000 元以上，为当地农民增加了 185 个就业岗位。

6.1.2 主要做法

6.1.2.1 发挥基层党组织引领作用

各级积极转变政府职能，切实把政府领导转变为政府引导，结合实际，因地制宜，准确定位，科学规划，邀请专家学者到合作社考察指导，研究制定相关支持政策，加强对乡村旅游相关产业的支持。通过举办各种活动，着力提升合作社的知名度和影响力，从而形成示范引领作用，带动乡村旅游和经济发展，助推乡村振兴。

6.1.2.2 采取独特的运营模式

合作社采取独特的经营模式，采用"前店后园"的空间布局，遵循"以园养店、以店促园"的发展思路。合作社的生态农场可以用于发展更具特色的乡村旅游，从而拓展传统产业的发展路径和成长空间，让更多的本地农户增收致富。在合作社的游客服务中心，人们可以购买到全国各地的安全、优质的特色农产品。合作社以乡村旅游的形式带动消费，从而更好地帮助全国的贫困农户。

（1）"前店"以旅游促消费，销售扶贫产品，助贫助农

2018年，合作社积极响应党中央的号召，助力打赢脱贫攻坚战。为落实精准扶贫政策，合作社以消费扶贫的方式，采购贫困地区，如内蒙古自治区奈曼旗、翁牛特旗、科尔沁右翼中旗、巴林左旗，贵州省毕节市等地的农副产品。

合作社采用"基地+贫困户""合作社+贫困户""龙头企业+贫困户"等模式，与多家企业签署销售协议，辐射带动当地贫困人口就业。2018年至2020年10月，合作社的帮扶采购总额达3 851.12万元，稳定的带贫益贫机制得到建立，采购扶贫产品达70多种，帮扶对口贫困县覆盖全国。合作社带动3 576户建档立卡贫困户增收脱贫，吸纳200余名贫困劳动力就业，帮助贫困户每户年均增收2 500元。

（2）"后园"致力于发展休闲旅游农业，拓展传统产业的发展路径和成长空间，拓宽村民的收入渠道

合作社有优质、安全、绿色的集采摘、种植、体验于一体的生态农场。该生态农场不仅立足于农业发展，也着眼于为市民提供更好的游玩场所，全年面向广大市民开展旅游观光、采摘、种菜等休闲活动，把农业生产方式变成市民生活方式，旨在打造各年龄段的都市居民都能在其中享受田园生活的乐土。生态农场内种植的蔬菜达上百种，且都符合国家食品安全管理的有关规定及绿色食品相关标准。生态农场不断完善配套设施，配备有厕所，新能源汽车充电桩，农产品检测室、仓库、冷库等。生态农场不断丰富旅游景观，增强旅游服务功能，提供物质属性与

精神属性兼具的产品。

6.1.2.3 建立完善的利益联结机制

合作社吸纳周边的农场、种植企业及农户加入，设立固定办公场所、标准化生产部、农用物资采购部、技术服务部、产品销售部、财务部和商务推广部。各部门明确职责，为社员提供专业化的服务，帮助农户打造农副产品销售平台。合作社与农户和社员建立完善的利益联结机制，每年通过组织采摘、配送、线上及线下销售、社区及社团营销等方式带动周边劳动力就业。

科技兴，农民富。合作社定期邀请专家对社员及农户开展技术培训。合作社每年举行培训讲座 42 期，培训 1 500 余人次，发放宣传资料 2 000 余份。

6.2 创业就业模式

创业就业模式指通过发展乡村旅游，有效激活农村地区的创新活力，加快培育新型农业经营主体，把农民、返乡创业人才等就地培养成懂旅游、善经营的新型职业农民，达到帮助农民、提高农民、富裕农民的目的，助力打造一支强大的乡村振兴人才队伍。内蒙古自治区赤峰市喀喇沁旗西桥镇雷家营子村是探索形成创业就业模式的代表。

6.2.1 扶贫成效

2020 年，雷家营子村游客接待总数达 22 万人次，乡村旅游收入超过 1 000 万元，村集体经济收入增加 167.5 万元。2020 年年底，村民委员会按每人 2 000 元的标准向全村各户进行分红。

6.2.2 主要做法

6.2.2.1 党建引领，小山村谋划大产业

依托丰富的自然景观、厚重的人文历史和革命老区红色文化，雷家营子村党支部大胆提出发展乡村休闲旅游的产业发展思路，积极整合项目资金。党群同心，开始闯路。

一是率先推进"三变"改革。村党支部牵头成立赤峰市好客雷家营子文化旅游发展有限公司，下设雷家营子村农业观光旅游合作社和雷家营子村红色教育培训中心。村党支部动员群众以土地资源入股公司，有效推动资源变资产、资金变股金、农民变股东，构建起利益联结机制，真正实现多方共赢、抱团取暖。

二是聘请专业的景观规划设计公司制定乡村旅游发展规划，并围绕乡村旅游发展规划，积极整合新农村建设项目、财政一事一议项目、美丽乡村项目等的资金进行基础设施建设。雷家营子村先后实施了道路硬化、危房改造、安全饮水、院墙整修等工程，新建了村级活动场所，增强了村党支部的服务功能；开展了绿化、亮化、美化行动，改善了村民的居住环境。

三是大力发展旅游项目。雷家营子村引进旅游投资公司对全村的旅游项目进行专业化管理，建设了千米玻璃漂流项目，建成了笤帚手工艺品展厅和车间。通过几年的努力，雷家营子村先后建成了雷家营子大食堂、开心牧场、七彩滑道、小勇士乐园等旅游项目。

四是努力突出山村特色。村党支部根据村民擅长的不同技能，探索打造了画坊、陶泥坊等手工体验场馆，吸引众多儿童前去体验，如今这些地点已经成为当地儿童"休闲益智"的最佳室内场所。同时，雷家营子村把乡村旅游与培养爱党爱国情怀有机结合，建设了"不忘初心、牢记使命"党建主题广场和新时代文明实践基地，结合村情村史谋划

独树一帜的红色教育培训项目，教育广大党员干部群众爱党爱国。

6.2.2.2 一体两翼，小山村实现大发展

为真正实现产业蓬勃发展，雷家营子村抢抓市旗两级组织部基层党建融合发展机遇，成立了党建引领旅游林果产业发展共同体，形成了"一体两翼"发展模式（"一体"即党建引领旅游林果产业发展共同体，"两翼"分别是党建联合体和产业化联合体）。

在乡村旅游方面，雷家营子村形成了"一业五司"发展模式（乡村旅游产业+五家旅游投资公司）。村党支部与各公司既分工负责，又集中攻坚、精准发力。五家公司取得了丰厚的利润，雷家营子村的乡村旅游产业得到了蓬勃发展，各方实现了互惠共赢。

在林果采摘方面，雷家营子村形成了"一业五社"发展模式（林果产业+雷家营子农业观光旅游合作社+蒙露康农业种植合作社+嘉贺兴农业种植合作社+吉旺农业种植合作社+兴农种植养殖合作社）。党建联合体与产业化联合体直接对接，通过组织采摘、在线上及线下销售等方式帮助果农销售水果，在一定程度上解决了水果滞销等问题。果农亩均收入达到 8 000 元左右，效益比较明显。

6.2.2.3 生态宜居，小山村瞄准大振兴

雷家营子村在发展乡村旅游的同时，引导广大群众积极开展农村环境卫生综合整治，累计植树 30 万株，治理水系 7.5 千米；积极推进厕所革命，全村已全部实现卫生改造；鼓励群众自发做好院内卫生和"门前三包"（包卫生、包绿化、包秩序），自觉维护全村环境。这样既能发展产业，使村民增收致富，又能守护好绿水青山，让雷家营子村真正成为望得见山、看得见水、记得住乡愁的美丽乡村。

6.3 文化传承模式

文化传承模式指通过发展乡村旅游，一方面深入挖掘传统建筑、农耕器具、民间技艺、民俗礼仪、风土人情所蕴含或承载的历史文化内容，让其以活化的方式得以传承和创新，如此既可产生可观的经济效益，又可保护、传承中华优秀传统文化；另一方面打开乡村与外部世界交流沟通的大门，使人们开阔视野、更新观念，培育向上向善的精神风貌，提高乡村社会文明程度。河北省石家庄市平山县西柏坡镇梁家沟村是探索形成文化传承模式的代表。

6.3.1 扶贫成效

通过发展乡村旅游，梁家沟村一步步将村集体经济由之前的不到20万元增加至2019年的270万元，年人均收入由2009年的3 300元提高到2019年的25 000元。2018年年底，梁家沟村12户29名建档立卡贫困人员实现整体脱贫。

6.3.2 主要做法

2008年以来，梁家沟村明确了民主决策、科学规划、因地制宜、分步实施的发展原则，高标准设计了新村建设规划，按照"旅游立村"的总体思路，走出了一条"旅游+产业+项目"的新路子，主要措施如下：

6.3.2.1 改变新村现状，明确旅游立村

自2008年起，梁家沟村利用5年时间，分两期建设新村。村集体负责平整宅基地、硬化道路和铺设地下管网等，并对新建住房统一规

划；农户则负责房屋主体建设和内部装修。通过拆旧村、建新村，梁家沟村实现了集中居住，为下一步发展乡村旅游产业留出了空间。

在新村建设完成的基础上，梁家沟村按照"旅游立村"的总体思路，着力培养新型职业农民。一是举办形式多样的乡村旅游培训班，教授乡村旅游相关知识，提升村民业务能力和技能；二是组织村民代表外出学习交流，考察体验外地精品民宿和慢生活方式；三是发挥引路作用，选定 3 户农户先行经营民宿，请设计公司进行整体设计，发展精品民宿，从而引领示范带动全村居民共同致富。

6.3.2.2 鼓励村社联合，实现规范管理

为进一步促进乡村旅游发展，西柏坡镇人民政府引导梁家沟村民成立了平山县第一家乡村旅游专业合作社，为下一步多元化发展乡村旅游提供组织保障。全村超半数的农民入社，并统一办理了相关营业手续。与此同时，梁家沟村在培育上下功夫、在规范上做文章，借鉴北京市密云区司马台村"一个农村就是一个乡村酒店"的理念，对民宿实行统一管理，合理规划特色旅游产业。

6.3.2.3 利用项目优势，带领全村致富

2018 年，平山县承办了石家庄市旅游产业发展大会。当时，西柏坡镇作为主要承办地，其基础设施、商业配套设施都亟待完善。梁家沟村抓住时机，利用建新村时置换出的 150 多亩建设用地，通过土地流转和创新经营，引入社会资金 1.5 亿元，促成西柏坡游客中心、西柏坡红色旅游小镇等项目在本村落地。此外，村集体以建设用地入股，使村民变为股东，用长期稳定的分红收入推动本地区的乡村振兴驶入快车道。

6.4 生态保护模式

生态保护模式指通过发展乡村旅游，把农村地区的生态环境优势转化为旅游经济优势，践行"绿水青山就是金山银山"的理念，实现生态保护与经济发展协同共进。安徽省安庆市岳西县黄尾镇黄尾村是探索形成生态保护模式的代表。

6.4.1 扶贫成效

黄尾村处于传统林区。生态文明建设倒逼传统林业经济转型，因此发展旅游产业成为当地增收致富的主要渠道。2015年至2020年年底，黄尾村累计接待游客350多万人次，年均旅游综合收入高达2.1亿元，累计带动1 200余人脱贫。

6.4.2 主要做法

6.4.2.1 完善基础设施，打造生态村庄

2015年，黄尾村启动省级美丽乡村建设，强特色、补短板、抓发展、促脱贫，确定了"景区标准、带状布局、整治为主、景村一体"的建设思路，做到美丽乡村建设到哪里，景区就延伸到哪里。黄尾村整合资金，实施绿化、亮化、硬化、美化、序化、净化"六化"工程，全面整治环境，建设鲜花乡村，提升道路品质，使路网通组达户。新建乡村旅游服务中心、旅游公厕、文化广场、体育场馆、污水处理厂等一大批公共服务设施，使教育、医疗、通信全面提档升级。依托彩虹瀑布景区，建设作家、画家和摄影家的创作基地。保留农家风味，打造园林特色，营造"村庄即是风景，家园就在画中"的氛围，令景村相交相

融、浑然一体。

6.4.2.2 健全工作机制，助推生态景区

岳西县本地企业牵头出资，整合黄尾村的部分资金，成立旅游开发公司，租赁村民的山场，承包上游霍山县的一家水电站，退电还水，引水穿山，形成华东地区第一大彩虹瀑布，由此建成大别山彩虹瀑布景区。

6.4.2.3 探索发展模式，引导生态旅游

黄尾村积极探索推动旅游扶贫与乡村振兴有效衔接，高起点编制本地的乡村振兴规划，引入"开放社区+"概念，打造综合服务区、悦溪茶谷、森林康养区、彩虹瀑布、花果谷、森林公园六大产业板块，启动森林康养基地、彩虹瀑布二期等重大项目建设，改造长冲茶叶公园，举办桃花节，有效拓展了游客的旅游空间，丰富了旅游产品，增加了群众收入。

黄尾村探索形成"景区+村集体经济公司+专业合作社+农民"的发展模式：景区组织游客入园采摘，村集体经济公司负责营销，专业合作社提供技术服务，农民负责种植和生产。随着位于大别山彩虹瀑布景区旁的长冲茶叶公园成为网红打卡地，茶园变成公园，农民变成导游，游客变成村民。黄尾村引导村民发展"五小园"经济，用好产业扶持政策。"五小园"即在房前屋后因地制宜开发的小菜园、小茶园、小果园、小田园、小养殖园。

6.5 乡村治理模式

乡村治理模式指农村基层党组织发挥政策、信息、资源优势，带领当地农民因地制宜地开发乡村旅游，使广大农民获得收益，从而聚人

气、得民心，进而提升乡村治理能力，促进组织振兴。浙江省丽水市遂昌县龙洋乡西滩村是探索形成乡村治理模式的代表。

6.5.1　扶贫成效

一是旅游振兴，助力脱贫。2018 年，西滩村旅游综合收入为 40 余万元，乡村旅游接待总人数为 3 500 余人次。而 2020 年，西滩村旅游综合收入达 400 余万元，同比增长约 900%；乡村旅游接待总人数达 30 000 人次，同比增长约 757%。

二是村集体增收，村民致富。一个偏远的半空心化小山村，在 2017 年的一个夜间将村里的 24 幢泥土房全部租赁出去，其中包括破旧不堪的附房。一幢 100 余平方米的泥土房，每年租金接近 2 万元，全村 20 年的租金收入接近 1 000 万元。

6.5.2　主要做法

6.5.2.1　以"文"为魂，推进原味改造，塑好乡村的形

在村庄建设、建筑物改造的过程中，西滩村把拥有的浙江省非物质文化遗产"茶园武术""全国生态文化村"两块"金字招牌"作为乡村活化的灵魂，摒弃传统的大拆大建乡村建设模式，对茶园自然村进行原味改造、升级提升，打造可用来寄托思念、寻求乡愁的旅居生态村。

一是明晰传承路线。西滩村聘请北京大学教授，对村民户籍、族谱等方面进行考察研究，精心编制茶园自然村活化路线图。西滩村邀请建筑设计师对村庄改造项目进行规划设计，并明确以"侠"为灵魂、以"野"为舞台的核心设计思路。

二是留住乡愁文化。西滩村坚持以"原生态改造+新老混居"的模式推进村庄提档升级，全力维护村庄原有风貌和基本构造，保留泥坯房、石板路、茶园、丝瓜藤等传统村落元素，以及房前屋后的菜地、瓜

棚、鱼塘等乡愁元素。

三是融入武侠文化。在活化项目主体——特色民宿的改造过程中，西滩村紧紧抓住茶园自然村的武术文化精髓，将武术所蕴含的"侠隐"作为活化项目的灵魂，加入石形导示、夯土墙、坡屋顶等复古元素，同时巧妙融入金庸武侠文化元素，达到乡村文化和民宿文化相互映衬的效果。

6.5.2.2 以"人"为本，推进农旅融合，育好乡村的业

一是盘活闲置资产促增收。西滩村全面梳理村内的泥坯房、田地等闲置可利用资产，实行所有权、承包权和经营权"三权"分置，引导投资业主、村集体和村民参与乡村活化项目，助力村集体、村民增收。

二是推介生态产品促增收。西滩村利用旅游投资公司的会员资源和平台渠道，帮助农民销售竹筒酒、冬笋、山茶、猕猴桃、野蜂蜜等二十余种特色农产品，助推产品价值实现最大化。

三是增加就业岗位促增收。村内的旅居生活配套服务、基地农作物种植等带来的就业机会，优先提供给本村村民。

6.5.2.3 以"和"为贵，推进新老村民融合，补上乡村的缺

一是共话乡村振兴。西滩村常态化举办振兴空心村论坛，邀请专家学者围绕"乡村振兴怎么看、怎么干"展开对话。

二是共享生活方式。西滩村积极倡导农村居民和城市居民互相分享生活方式，成立生活内容开发部，举办打麻糍、磨豆腐、做青团等民俗活动。

三是共治美丽乡村。西滩村成立茶园自然村社区发展协会，通过完善协会组织、重修村规民约等，实现村两委、企业、城市精英人群合力共治美丽乡村。

6.6 创新提升模式

创新提升模式指以文化创意、科技创新为引领，发展创意产品、特色民宿、生态农业等，推动农村地区的旅游业从资源驱动型、要素驱动型向创新驱动型转变，提升乡村旅游产品的附加值，促进乡村旅游的信息化建设，激发乡村地区的发展活力。福建省宁德市屏南县熙岭乡龙潭村是探索形成创新提升模式的代表。

6.6.1 扶贫成效

6.6.1.1 从空心村到网红村，通过文创旅游达到减贫目的

自 2017 年 5 月开展文创旅游减贫项目起，至 2020 年年底，龙潭村的常住人口从不足 100 人增至 600 人，游客从 0 增至每年 20 万人次；龙潭村的集体经济收入从几乎为 0 增加至 16 万元。村民人均年收入比项目刚开展时增长了 3 倍。

6.6.1.2 原村民回归，转变生产方式

开展文创旅游减贫项目以后，龙潭村的基础设施不断完善，吸引了大批外出务工村民回村兴业。他们将自己的房屋改造成民宿、小卖部、餐馆、咖啡厅，改变了传统的农民身份。据统计，仅 2019 年，外出务工村民回村，在改造旧屋、复兴福建省级非物质文化遗产古田红曲黄酒酒库酿造技艺等方面的投资已达 1 800 多万元。

6.6.1.3 新村民落户，启动新业态

自 2017 年 5 月启动文创旅游减贫项目起，到 2020 年年底，共有 30 多户新村民通过"认租 15 年"规划落户龙潭村，他们为该村的减贫工作带来了新业态。

6.6.1.4 文创旅游赋予传统产品新的时代价值

龙潭村的古田红曲黄酒酒库酿造技艺属于省级非物质文化遗产。但长期以来，由于地理位置等因素的制约，技艺传承较为困难。开展文创旅游减贫项目以后，当地村民围绕推广红曲黄酒建立酒博物馆、举办开酒节，这些成为龙潭村旅游观光的亮点。龙潭村结合时代特征、传统农耕文化及诗意生活理念，设计迎合大众审美的外包装、广告词，利用互联网营销，将原本 1 斤①不到 10 元的黄酒的价值提升 10 倍，这成为龙潭村的文创旅游减贫项目中的重要内容。

6.6.1.5 文创改变乡村，展现精神新风貌

开展文创旅游减贫项目以后，龙潭村的村容村貌发生了翻天覆地的变化。村民自觉摒弃赌博等陋习，积极参加文明向上的娱乐活动。

6.6.2 主要做法

屏南县是福建省的重点老区（县）之一，因区位劣势而难以享受到沿海发达地区的产业辐射带动效应所带来的红利。从自身特点出发，屏南县将发展定位在以文创旅游促减贫上。

6.6.2.1 培育"文创旅游种子"

2017 年 5 月，熙岭乡决定以龙潭村为文创基地，选送 30 多位村民作为发展文创旅游的"种子选手"到双溪镇安泰艺术城学习油画与新媒体营销，并以他们为骨干，在龙潭村开办公益画室，利用互联网吸引海内外人士关注公益艺术教育与文化创意产业，进而吸纳新村民。在文化创意产业的引领下，龙潭村的文化功能得到增强、文化价值得到提升。龙潭村利用数字时代的传播手段，宣传良好的生态环境，吸引流量，起到激发乡村旅游内生动力的作用。

---

① 1 斤 = 500 克，下同。

6.6.2.2 "认租 15 年"规划

龙潭村创造性地推出"认租 15 年"规划，采取工料法计算工程成本。村两委自行购料，组织施工，有效节约了修缮成本。相关经验已被收入省级文件，并入选住建部乡村营建优秀实例。

由于村民大量外出，因此龙潭村有 100 多栋荒废的老屋。在此背景下，村民委员会因地制宜，创造性地推出"认租 15 年"规划，即先由村民委员会与原村民签订 15 年期限的房屋租赁合同，再由新村民与村民委员会签订房屋租赁合同。村民委员会代租代建，在 15 年内按每年每平方米 3 元收取租金。老屋得以重获"新生"，新村民也能以较低的成本进入乡村生活。

6.6.2.3 完善乡村基础设施

2017 年后，屏南县人民政府新建了熙岭乡经三峰村、龙潭村至墘头村的四级公路；在龙潭村建设了村民艺术公益教学中心、美术馆、博物馆、音乐厅、文化服务中心、休闲广场、乡村党校等设施；建设了宁德市首个移动 5G 基站，复办了龙潭小学；同时，实施乡村环境整治，包括购买水车、改造路面、修整巷道、处理污水等。

6.6.2.4 推进老屋再生工程

盘活 100 多栋老屋是龙潭村文创旅游减贫项目的核心内容。在老屋的修缮改造中，村民委员会制定基本原则：保留夯土墙、木构黛瓦顶的传统风貌；结合现代生活需要，在屋内打造书吧、工作室、咖啡屋、音乐厅等文创空间；利用当地工匠，复活濒临失传的建造技艺。

6.6.2.5 创新管理机制

屏南县先后出台了《屏南县村级小额工程建设项目招投标管理办法（试行）》《屏南县村账乡管工作实施办法（试行）》等文件，明确了在项目建设中，须以全程公开透明的方式，采用"工料法"① 计算工程成本，在保障项目建设资金安全的同时，快速推进项目的高效建设。

---

① "工"指人工费，由聘请工匠的费用和村级管理人员的误工补贴构成；"料"指原材料的含税价款，其中，原材料指由村级组织自行采购的合规材料。

7 乡村振兴战略背景下的乡村旅游资源开发模式

2021 年 2 月 25 日，在京召开的全国脱贫攻坚总结表彰大会上，习近平总书记庄严宣告：我国脱贫攻坚战取得了全面胜利！随着我国如期打赢脱贫攻坚战，历史性地消除了绝对贫困，"三农"工作重心由脱贫攻坚转入全面推进乡村振兴。党的二十大报告强调坚持农业农村优先发展，对全面推进乡村振兴作出重要部署，提出加快建设农业强国，明确了新时代新征程上推进农业农村现代化的重大任务，为我们走好新时代乡村振兴之路指明了方向、提供了遵循。在全面推进乡村振兴阶段，我们应从精准扶贫背景下的乡村旅游资源开发模式中总结经验、汲取教训，形成乡村振兴战略背景下的乡村旅游资源开发模式，助推实现产业兴旺、生态宜居、乡风文明、治理有效、生活富裕。

7.1 乡村振兴战略背景下的乡村旅游业的重要作用

要研究乡村旅游业在乡村振兴战略背景下的历史方位，就必须从乡村旅游业的属性、特征和发展历程入手。因为只有这样，我们才能明确乡村旅游业在乡村振兴中的地位和作用。

7.1.1　乡村旅游业是大休闲产业的组成部分

乡村旅游业是大休闲产业的组成部分，这是乡村旅游业的第一个属性。正如经济学家于光远所指出的，争取有闲是生产的根本目的之一。随着经济的发展和劳动生产率的提高，在休假制度的加持下，人们拥有了不断增加的闲暇时间，这为人们参与休闲活动提供了有利条件。休闲活动有多种分类方式，以空间行为为标准，可以划分为居家休闲活动、户外休闲活动和异地休闲活动。当异地休闲活动的内容和距离符合某些判定标准时，这种休闲活动就可以被认定为旅游活动。我国现代旅游的兴起，是在改革开放以后，以 1979 年邓小平同志发表的"黄山谈话"为标志。20 世纪 80 年代中后期，伴随着国民经济的快速发展，大众旅游逐渐兴起。在这个过程中，城市近郊的农村因交通便利、物价低，契合人们的出行和支付需求，而成为市民首选休闲目的地，也成为我国大众旅游的主要发源地。例如，我国第一家农家乐于 1986 年在成都市郫县友爱镇农科村的徐家大院诞生，郫县（今郫都区）由此成为我国乡村旅游乃至现代旅游的发源地。我们可以认为，正是由于改革开放后，经济的发展、劳动生产率的提高，以及休假制度的实施，人们不仅拥有了支付能力，也拥有了闲暇时间。这两个方面为我国乡村旅游业的发展提供了条件。

7.1.2　乡村旅游业是综合性产业

乡村旅游业是综合产业，这是乡村旅游业的第二个属性。人们的旅游活动涉及吃、住、行、游、购、娱六要素。围绕为旅游者提供六要素方面的保障，人类社会就形成了旅游业。旅游业之所以重要，是因为它作为综合性产业，能够有效整合吃、住、行、游、购、娱相关产业，从而在国民经济发展中发挥重要的带动作用。旅游业的这一属性，对优化乡村既有产业、催生乡村新产业具有不可忽视、不可替代的重要作用。改革开放以来，随着我国国民经济的发展与繁荣，在国家政策的引导与支持下，旅游业经历了由粗到精、由单一到多元的发展历程，具体表现在以下几个方面：在地理范围上，由境内旅游向出境旅游发展；在组织形式上，由跟团旅游向自助旅游、自驾旅游转变；在旅行距离上，由近程旅游向远程旅游转变；在活动内容上，由观光旅游向休闲旅游、度假旅游、研学旅游、康养旅游等转变；在活动对象上，由景区旅游向都市旅游、乡村旅游、工业旅游、红色旅游等转变。

伴随以上进程，旅游业逐渐渗入国民经济相关领域。越来越多的部门涉足旅游业，这一变化在乡村旅游领域表现得尤为明显。一是文化和旅游部门、农业农村部门、林业和草原部门、水利部门等直接从事乡村旅游业发展工作，它们可以统称为乡村旅游发展部门。二是发展改革部门、交通运输部门、自然资源部门、生态环境部门、治安管理部门、消防救援部门、住建部门、商务部门、金融机构等直接为乡村旅游业提供要素保障，它们可以统称为乡村旅游业要素保障部门。乡村旅游业的"朋友圈"不断扩大，这也体现出乡村旅游业的综合带动作用。

7.1.3 乡村旅游业属于服务业

乡村旅游业是服务业，这是乡村旅游业的第三个属性。经济发展的规律表明，一个经济体从不发达走向发达的过程，就是从以第一产业为主走向以第三产业为主的过程，而服务业是否发达则是经济体是否发达的重要标志。发展乡村旅游业的实质就是推进服务业下乡，这对优化农村产业结构具有重要作用。20世纪以来，尤其是第二次世界大战以来，几乎所有发达经济体都经历了乡村发展运动，如美国的"示范城市"试验计划、加拿大的农村计划、日本的造村运动、韩国的新村运动、德国的村庄更新等。这些国家不约而同地把以乡村旅游业为代表的服务业作为乡村发展的重要抓手，并取得了显著成效。在国内的乡村振兴实践中，乡村旅游业同样扮演着重要角色。例如，浙江省湖州市长兴县水口乡顾渚村通过发展农家乐，显著带动了农产品销售，为当地就业人员从第一产业向第三产业转移架起了桥梁。

7.1.4 乡村旅游经济是体验经济

乡村旅游经济是体验经济，这是乡村旅游业的第四个属性。人类的需求可分为匮乏性需求和超越性需求，前者是衣食住行等方面的物质消费需求，后者则是精神文化层面的需求。随着文明进程的加速和社会的进步，匮乏性需求和超越性需求的比例不断改变。依据超越性需求的基本内涵，我们可以将超越性需求理解为体验性需求。农家乐之所以能在我国兴起和发展，是因为它满足了人们吃农家饭、住农家院、做农家活、看农家景、享农家乐的体验性需求。随着后工业时代的来临，消费型社会逐渐兴起。消费升级的一个重要方面体现在功能性消费向体验性消费转变。在消费型社会中，人们所消费的商品不但具有使用价值，而且具有符号象征意义。它使现代消费者由过去对商品本身的崇拜转向对商品形象和意义的崇拜，使人们愈来愈注重商品所承载的精神价值和情感意义。据派恩、吉尔摩所著的《体验经济》一书，迄今为止，人类社会出现了四种经济类型，即商品经济、产品经济、服务经济、体验经济。在体验经济中，企业以服务为舞台，以商品为道具，开展值得消费者回忆的活动。按照这种分析，乡村旅游经济无疑属于体验经济的范畴，或者说其未来的发展方向是体验经济。国外有学者认为，乡村旅游经济是后现代社会中的体验经济，在体验经济中，营销应从传统的产品营销和服务营销转向体验营销。

城市化进程的不断加快使人们产生了日益强烈的逆城市化动机，乡村旅游作为人们逃离城市的路径之一，从六个方面使人们满足体验性需求：一是亲近自然，在大自然中寻找返璞归真的感觉；二是留住乡愁，在乡间田野中追寻农耕文明留下的文化记忆；三是放松心情，体验慢生活带来的心灵愉悦；四是增进感情，在亲子活动、交友活动中加强情感交流；五是调理身心，通过康养活动促进身心健康；六是增长见闻，通过学习探究保存于乡村的自然科学知识。体验性需求使得那些长期"养在深闺人未识"的自然景观、人文景观等乡村旅游资源有了经济价值，从而大大拓展了乡村旅游经济的发展空间。从这个意义上讲，乡村旅游对乡村振兴的作用不仅体现在对一二三产业的带动上，更体现在对乡村旅游资源的价值发现上。

7.1.5 乡村旅游业促进消费搬运

促进消费搬运是乡村旅游业的第五个属性。乡村旅游消费是移动性、聚集性和接触性的消费。乡村旅游业对农村经济的贡献来自它的消费搬运作用。正如前文所言，几乎每个发达经济体的工业化、城市化进程都伴随着土地、资本和劳动力等要素由乡村向城市的线性流动。这一过程必然导致乡村的衰败。这是第二次世界大战以后，一些发达经济体开展乡村发展运动的原因所在。这些发达经济体顺应经济发展、消费升级的需要，通过大力发展乡村旅游业，将消费从城市搬运到乡村。消费下乡意味着资本、技术、人才和信息等要素下乡，也意味着城市与乡村开展对话与交流。乡村旅游业将城乡之间的要素流动从以前的乡村到城市的单向流动转变为乡村与城市的双向流动，为人们推进城乡融合发展提供了重要手段。

7.2 乡村振兴战略背景下的乡村旅游开发痛点、新思路和突破点

7.2.1 乡村旅游开发痛点

乡村旅游从本质上讲是乡村休闲。如果能让城市居民住下来并消费，那么这种乡村旅游也叫乡村旅居。乡村旅游开发，不是建景区，而是建一个不同于城市的社区。这个社区必须有原住居民，以及与其相关的乡土生活 IP（成名文创作品）——在乡土生活的基础上，经过创新提炼、精心打造而成的具有鲜明独特性的生活方式和品牌。目前，部分地区的乡村旅游开发除了面临市场需求不足、旅游资源匮乏等普遍性问题外，还存在以下痛点：

7.2.1.1 同质化竞争

缺乏整体策划、规划、设计是制约乡村旅游良性发展的重要原因之一。在同一个区（县）内，不同乡（镇）之间没有坚持差异化发展的原则，而是争抢旅游资源、互为竞争对手。在此混乱经营和同质化竞争的状态下，游客的体验和旅游地的口碑都一落千丈。在恶性竞争中，商家面临极大的生存挑战，最后因发展的不可持续而陷入萧条。这种现象的产生是缺乏合理的统筹规划所致，区（县）一级政府应该负起责任。

7.2.1.2 盲目规划

制约乡村旅游良性发展的第二个重要原因是盲目规划。很多乡村受益于多个政府部门的政策支持，有不少资金可用于基础设施和配套服务建设。他们请来了城市中的知名规划设计院进行规划设计，建公园、建活动中心、建图书馆、建博物馆、建健身房，把乡村当成城市来设计，

结果这些设施最后成了摆设。乡村规划的方案一定要经得起考验，不能照抄照搬。

7.2.1.3　信息不对称

许多有特色的乡村旅游资源未能被旅游投资企业所了解。旅游资源和资本没有形成有效衔接，这是制约乡村旅游良性发展的第三个重要原因。虽然如今乡村已经普及了互联网，人人拥有手机，人人会使用各种新媒体平台，但农民与投资企业之间缺乏信息及时沟通的桥梁。目前，我国有近三千个区（县）、四万多个乡（镇）、近七十万个村。丰富的乡村旅游资源分布在如此广袤的大地上，试想哪个旅游投资企业有能力全部考察了解。如果相关部门能够建立起乡村旅游资源大数据库，旅游投资企业能够通过数据库查找和获取各地乡村旅游资源信息，并据此进行投资决策，那么乡村旅游开发的步伐将显著加快。

7.2.1.4　交通闭塞

要想富，先修路。偏远山区的道路既狭窄又多弯，满足不了游客通行的需求。旅游投资企业即使看中某个乡村的旅游资源，也会因交通情况望而却步。制约乡村道路发展的因素主要有：

一是资金因素。在偏远地区，政策扶持力度还不够。

二是用地因素。修路必然涉及土地利用问题。国家对耕地实行严格的保护政策，因此各地政府必须严守耕地红线，不得将农田改为非农业生产活动用地。

7.2.2　乡村旅游开发新思路

乡村旅游在脱贫攻坚、全面建设小康社会时期发挥了不可或缺的重要作用。在如今我国已全面建成小康社会的大背景下，在新的历史方位，乡村旅游开发的思路应随环境的变化而有所创新，以更好地服务乡村振兴大局。

7.2.2.1　乡村旅游地的目标市场应从城市居民扩展为城乡居民

从 20 世纪 80 年代我国乡村旅游起步至今，城市居民一直被视为乡村旅游地的主要乃至唯一目标市场。现在这种认识须有所改变，农村居民也应被视为乡村旅游地的重要目标市场，主要原因有三个方面：其一，伴随我国小康社会的全面建成，农村家庭普遍具备一定的旅游消费能力，而且他们的旅游消费能力会随乡村振兴的推进而不断增强；其二，我国农村人口的数量较大决定了农村居民的整体旅游消费规模较大；其三，为促进乡村文化振兴，乡村旅游开发将积极回应农村居民的旅游与休闲需求。例如，在乡村旅游开发中，我们可以利用广阔的绿色开放空间，为城乡居民提供形式多样的体育旅游产品和户外休闲产品，包括骑马、攀岩、滑草、露营等。此外，我们可以为城乡居民提供乡村亲子休闲娱乐产品，如打造亲子牧场、萌宠乐园、郊区游乐园等，为乡村创造可观的旅游经济效益。

7.2.2.2　产品结构应从乡村旅游一枝独秀转变为各类旅游产品大放异彩

目前，我国的乡村旅游开发大多围绕城市居民的乡愁做文章，因此多数乡村旅游地主要提供农业观光、古村落观光、农产品采摘、农家菜品尝、民宿体验等乡村旅游产品，造成"千村一面"的现象，进而引发乡村间同质化竞争，这不利于乡村旅游的可持续发展。

为了满足城市居民、乡村居民两个目标市场的不同需求，也为了扭转乡村旅游地同质化竞争的局面，我们应改变固有思维、跳出既有框架，大力开发种类丰富的乡村旅游产品，并通过区域统筹强化乡村旅游产品在类型与形态上的差异。例如，把乡村旅游与科技教育相结合，积极在乡村地区发展科教旅游，开发观星旅游、生态知识科普旅游、美食技艺研学旅游、乡土艺术研学旅游等科教旅游产品。这些科教旅游产品的目标消费人群既可以是少年儿童，也可以是成年人。

7.2.2.3 乡村旅游地应设法实现乡村旅游与城镇化的协同发展

为了留住乡愁、保持乡土气息，乡村旅游地一般会刻意限制农村社区的城镇化和商业化。然而，就地城镇化其实是乡村振兴、农业农村现代化的重要引擎，此外，城镇也是多数农村居民向往的旅游与休闲活动地区。因此，无论是从推进乡村振兴的角度看，还是从满足农村居民旅游与休闲需求的角度看，乡村旅游地都应在发展乡村旅游的同时积极推进城镇化。乡村旅游与城镇化协同发展的关键在于空间错位，即在现代建筑居多、交通便利、人口密集的农村社区采取积极推进城镇化的政策，而在传统建筑居多、乡土气息浓郁的农村社区则采取避免过度商业化的政策。在推进城镇化的过程中，我们可以建设小吃街、电影院、虚拟现实体验馆等，以满足外地游客的夜游需求和当地农村居民的日常休闲需求，从而促进乡村旅游与城镇化的协同发展。

7.2.3 乡村旅游开发突破点

乡村旅游是乡村振兴的重要抓手之一。2015—2024 年的中央一号文件多次提到乡村旅游相关内容。2021 年的中央一号文件提到"开发休闲农业和乡村旅游精品线路"及"实施数字乡村建设发展工程"两项内容。2022 年的中央一号文件提出"实施乡村休闲旅游提升计划。支持农民直接经营或参与经营的乡村民宿、农家乐特色村（点）发展。将符合要求的乡村休闲旅游项目纳入科普基地和中小学学农劳动实践基地范围。"2024 年中央一号文件提出"实施乡村文旅深度融合工程，推进乡村旅游集聚区（村）建设，培育生态旅游、森林康养、休闲露营等新业态，推进乡村民宿规范发展、提升品质。"近些年，随着乡村旅游发展的不断提速，乡村旅游市场不断繁荣。发展乡村旅游，可以从各个角度去寻找思路和整合资源，同时需要平衡各方关系。

在特色乡村众多的情况下，如何成功打造让游客眼前一亮、耳目一新的旅游地已经成为乡村旅游发展中的一大难题。乡村振兴战略的实施给农村发展带来了新的机遇和新的挑战。如何按照产业兴旺、生态宜居、乡风文明、治理有效、生活富裕的总要求建设现代化新乡村？如何在众多特色乡村中脱颖而出？我们不妨从以下几个方面进行大胆思考：

7.2.3.1 从资源开发上突破

乡村有森林湖泊、田园山水等资源。怎样开发资源，把资源变成资本，并吸引更多的资金进入乡村，需要我们认真思考。

7.2.3.2 从市场主导上突破

要坚持以市场为主导、以企业为主体的原则。我们只有走市场化道路才能持续发展乡村。

7.2.3.3 从政策扶持上突破

要多渠道整合资源和资金，着力发展大项目。不能遍地开花、蜻蜓点水式地扶持，须将劲往一处使，否则资金分散使用，难以达到预期效果。

7.2.3.4 从吸引人才上突破

如何吸引青年人才回乡创业？例如，政府可制定优惠政策吸引人才下乡，将双创基地设在农村，把从事软件开发工作的信息技术公司引入村庄。

7.2.3.5 从规划设计上突破

观光旅游如何向体验式旅游转变？这就需要盘活乡村的果林、菜园等，而不是对城市照搬照抄。要按照乡村原有的脉络进行梳理，策划新产业，引进新技术，让更多的年轻人回到村庄。要将规划与运营有机结合，让美丽乡村发展"美丽经济"。要创新产业规划设计，形成合理的乡村格局、产业结构，以及科学的生产和生活方式，促进人与自然和谐共生，让更多的人爱上乡村。根据农村的自然条件，设计相适应的建筑与景点，这也会吸引外来观光者，从而促进乡村经济的发展。

7.2.3.6　从开发运营上突破

整村开发运营模式是以行政村为单位，以集体经济和外来资本为投资开发主体的现代运营模式。整村开发运营管理包含整村规划、招商引资、手续办理、项目立项、建造控制、协调和衔接等内容。

7.2.3.7　从产业融合上突破

要促进一二三产业融合发展，打造产业新村、产业庄园。要知道，单一的农业种植不会提升土地的附加值，只有发展创意农业，把田园变成旅游景区的一部分，才能大幅提高土地的收益。此外，单一的加工生产也不会提升产品的附加值。只有让生产劳动更具趣味性、体验性，才能提升产品的价格。

7.2.3.8　从用地政策上突破

要想发展农旅融合的田园综合体、产业庄园、特色小镇等，就必须配置适当的建设用地，以满足游客吃、住、行、游、购、娱的需求。不能吃、不能住、不能娱、不能游，就留不住游客，也就不会促进消费。

7.2.3.9　从金融改革上突破

金融是实体经济的血脉。实施乡村振兴战略，应当让金融发挥更加重要的作用。农户缺乏足够的抵押物，就难以获得融资贷款，也就无法扩大生产规模。因此，要走出金融供给不足、农业经营主体信贷可获得性较差的困局，就需要政府部门制定扶持政策，帮助农户打破信贷瓶颈。

7.2.3.10　从平台搭建上突破

村集体是一个很好的平台，可以组织农民以入股的形式开发乡村。企业可以采取众筹模式吸引更多的乡村爱好者开发共享农庄、共享果园、共享菜园、共享民宿等。共享的不仅仅是资金，更多的是信息、人脉等无形资源。

7.2.3.11 从宣传营销上突破

一个地区的营销不应局限于城市，还应包括乡村。我们不仅要宣传景区、景点，还要对美丽乡村、产品品牌进行包装推介。把一个景区、一个景点、一个项目、一种产品推介好了，不仅能使当地形象得到提升，也能使农民从中得到更多的实惠。

7.2.3.12 从网红经济上突破

我们可以借助互联网展现真实的农村生活和农民生活，通过乡村环境的秀美、农家生活的恬静、深山老林的野趣，打造农民"网红"①，通过新媒体的传播，让人们看到农村的新变化和乡村振兴的新成就。

不得不承认，随着乡村旅游的兴起，大众逐渐改变了对农村的印象。过去，只要提到农村，人们就会想到贫穷与落后，而如今，农村成了人们心中向往的"诗与远方"。显然，农村的社会认可度在不断提高。在诸多利好政策和机遇的助推下，未来的乡村旅游值得期待。

7.3 乡村振兴战略背景下的乡村旅游资源开发案例

笔者在这里重复一个观点：乡村旅游开发需要具备一定的条件，包括良好的外在条件和独特的内在条件。外在条件，包括市场基础和交通区位条件。其中，市场基础，也就是在这个地方发展旅游业是否有相对应的目标消费群体；交通区位条件，也就是可进入条件，良好的交通区位条件是乡村旅游能发展起来的关键。内在条件，也就是乡村的自然资源、文化资源，如独特的古建筑、民族风俗文化，优美的自然生态环境等。丰富的乡村旅游资源是乡村发展旅游业的独特优势。

---

① "网红"，即网络红人，指在现实或网络生活中因某个事件或某种行为而被网民关注，从而走红的人。

在看到乡村旅游发展不断取得成果的同时，我们必须清醒地认识到，我国的乡村旅游尚处于起步阶段，整体发展质量不高，主要表现在以下四个方面：

一是体制不顺。部门间、地区间统筹不够、协调不足、整合不力，这严重影响了乡村旅游可持续发展。

二是机制不全。乡村旅游开发涉及的利益联结机制建设、广泛的社区参与等问题尚未得到有效解决。

三是政策不力。乡村旅游开发涉及的资源保障、市场管理、金融支持等方面的政策还不完善，管理缺位、越位、错位等问题还时有出现。

四是层次不高。虽然乡村旅游正在向观光、休闲、度假的复合型业态转变，正在向多样化、融合化和个性化方向发展，但乡村旅游的一级客源市场仍局限在本地，乡村民宿仍处在管理的灰色地带，乡村旅游产品种类不多、质量偏低，资源利用、保护不足等问题同时存在。

近年来，在实施乡村振兴战略的过程中，各地涌现了很多乡村旅游资源开发的成功案例。本书遴选了部分案例供读者参考。这些案例中的乡村旅游资源开发模式都是产业融合模式，而不是单一模式。事实上，孤立地开发乡村旅游资源是不现实的。这些模式大多在长期的探索和实践基础上形成，经受住了时间的检验，具有全国示范意义。

7.3.1　以"三瓜公社"为代表的电商特色产业模式

7.3.1.1　地理坐标

"三瓜公社"位于安徽省合肥市巢湖市半汤街道，距离合肥市 90 千米，车程 1.5 小时左右。"三瓜公社"指南瓜电商村、冬瓜民俗村和西瓜美食村。

7.3.1.2　开发主体

2015 年 3 月，安徽巢湖经济开发区管委会引入安徽淮商集团，联合成立安徽三瓜公社投资发展有限公司，将其作为"三瓜公社"的联合开发主体，计划总投资 5 亿元，建设周期为 36 个月。

7.3.1.3　开发理念

巢湖市按照"把乡村建设得更像乡村"的理念，利用"互联网+"，构建一二三产业与农旅相结合的"美丽乡村"发展系统，推动"三瓜公社"全面振兴。在建设过程中，保护乡村原有的田林湖草，对荒地、山地、林地进行修整，打造诗意栖居、宜游宜业的家园。

7.3.1.4　获得荣誉

2017 年"三瓜公社"被评为安徽省首批特色小镇，2018 年区域内的郁金香高地被评为国家 4A 级旅游景区。2020 年"三瓜公社"被评为国家农村产业融合发展示范园，2021 年入选中国特色小镇 50 强。2017 年"三瓜公社"游客接待量突破 500 万人次，双"十一"期间，线上和线下渠道的销售额突破 9 100 万元；2018 年游客接待量突破 700 万人次，旅游收入突破 10 亿元。

7.3.1.5　产业规划

（1）南瓜电商村

南瓜电商村定位于农特产品大村、互联网示范村，目前已有不少企业入驻天猫、京东等平台。"三瓜公社"建立创客空间、文创基地，开设乡村酒吧、特产销售门店，开发农副产品、乡土文创产品等特色商品和旅游纪念品，并通过线上和线下相融合的销售方式获得市场的认可，实现了农产品销售渠道多元化。

（2）冬瓜民俗村

冬瓜民俗村力图还原巢湖地区的农耕民俗文化，先后建设民俗馆、传统手工艺坊，引入客栈、民宿、温泉旅游度假区等，打造以体验传统的农耕民俗文化为特色的乡村旅游发展模式。

（3）西瓜美食村

西瓜美食村的主要产业为风情民宿、特色农家乐等。西瓜美食村与知名温泉公司组建安徽汤山旅游发展有限公司，共同开发温泉康养民宿，拓展村集体经济的发展路径。

7.3.1.6　运作模式

（1）建设模式

采用"企业+政府"的建设模式，安徽巢湖经济开发区管委会与安徽淮商集团共同成立安徽三瓜公社投资发展有限公司。按照南瓜电商村、冬瓜民俗村和西瓜美食村三大主题，对民居重新进行设计，构建起线下实地体验、线上平台销售，企业示范引领、农户全面参与的产业发展模式，围绕民俗、文化、旅游、餐饮、休闲等多个领域，综合现代农特产品的生产、交易、物流等环节，探索出一条信息化时代的"互联网+三农"之路。

（2）运营模式

巢湖市以"互联网+三农"为实施路径，探索一二三产业融合，农旅、商旅、文旅"三旅"结合的美丽乡村建设新模式，重点打造南瓜电商村、冬瓜民俗村和西瓜美食村三个特色村。"三瓜公社"大力发展现代农业，通过电子商务渠道打开当地农特产品销售市场，吸引年轻人返乡创业和"新农人"入乡创业，成立农民专业合作社，进行优质特色农产品生产，带动加工，让村民足不出户就将产品卖向全国。"三瓜公社"盘活乡村资源，在线上和线下建设店铺，建立创客中心，吸引年轻人加入电子商务就业创业平台，驱动农产品的加工生产，保障更多本地村民就业。

"三瓜公社"强调全产业链的协同发展，通过统筹各类资源，使一二三产业在总体规划中有序发展，良性互促。"三瓜公社"在模式探索中遵循如下原则：农旅为主，引领品牌化建设；商旅是力，夯实产业支撑；文旅是魂，传承中华优秀传统文化。"三瓜公社"成立了花生、食用菌、瓜果等方面的农民专业合作社，打造绿色生态农产品种植区。农民专业合作社进行种植、加工、销售，为村民提供技术指导与服务。"三瓜公社"充分发挥龙头企业的示范与引领作用，以农民专业合作社为纽带，将农户种养、生产加工和电商销售整合起来，带动周边村民大力开展订单式农业生产，快速实现致富。"三瓜公社"围绕农民专业合作社、农产品加工销售等，打造农产品标准化生产基地，进行规模化种植、养殖和加工。

7.3.2 以袁家村为代表的村集体组织带动模式

7.3.2.1 地理坐标

袁家村在陕西省咸阳市礼泉县烟霞镇北部，位于唐太宗李世民的昭陵所在的九嵕山脚下，距离西安 60 千米，约 1 小时车程。

7.3.2.2 开发主体

村集体和村民共同组建村集体开发经营公司，将其作为袁家村的开发主体，同时成立村庄管理公司和多个行业协会。

7.3.2.3 开发理念

回顾和总结袁家村的创业历程、发展思路和基本经验，其开发理念概括起来主要包括以下几点：以支部为核心，以村民为主体；以创新谋发展，以共享促和谐；以乡村旅游为突破口，打造农民创业平台；以组建合作社为切入点，实现"三变"；以三产带二产促一产，实现"三产"融合发展；调节收入分配，实现共同富裕；注重精神文明，加强思想教育；弘扬优良传统，净化乡风民俗。

7.3.2.4 获得荣誉

袁家村于 2013 年 8 月被住房和城乡建设部、文化部、财政部列入第二批中国传统村落，并先后获得国家 4A 级旅游景区、中国十大美丽乡村、全国乡村旅游示范村、中国十佳小康村、中国最有魅力休闲乡村、国家特色景观旅游名村、全国"一村一品"示范村、中国乡村旅游创客示范基地等荣誉称号。昔日的"空心村"已经成为今日的"关中民俗第一村"。2019年的客流量超过700万人次，村民人均年收入超过10万元。

7.3.2.5 产业规划

袁家村在产业方面的规划可以总结为"一个品牌，两个产业"。

一个品牌指"袁家村"品牌。"袁家村"品牌的估值已经超过20亿元，并且仍然在快速增长。"袁家村"品牌可以形象地解读为"袁汁袁味的精神原乡"，是以农业农村农民为内涵的"农"字号品牌，与"三农"紧密相连、息息相关。现任村党支部书记郭占武提出的"袁家村"品牌+创新团队+资本+互联网的新思路、新模式为袁家村的发展提供了广阔的空间。

两个产业指以传统民俗和创意文化为核心的个性化、高端化和系列化关中文化产品产业，以及以特色农副产品和健康餐饮为核心的种养殖产业、加工包装和销售产业。

袁家村从乡村旅游起步，经过多年发展，市场规模和经济效益不断提升，品牌价值日益凸显，第三产业强大到可以带动第二产业的发展；由传统的手工作坊到现代加工工厂，再到连锁加工企业，第二产业围绕第三产业布局；第二产业的发展增加了人们对优质农副产品的需求，促进第一产业的规模不断扩大。袁家村真正构建起以三产带二产促一产、"三产"融合发展的良性循环体系。

7.3.2.6 运作模式

郭占武将袁家村的成功归结于村干部带领村民共同致富。袁家村形成的村集体组织带动模式有以下特点：

（1）以村集体领导队伍为依托，以村民为主体

袁家村组建了以村两委为核心的村集体领导队伍。村干部凝聚思想共识：干部队伍就是服务队伍，是为村民跑腿、为群众服务的队伍。在发展之初，村集体就明确提出，坚持村民的主体地位，树立村民的主人翁意识，让村民实现自主发展、自我发展，确保全体村民的根本利益和长远利益不受损害。

（2）以村庄集体平台为载体，组建股份合作制集体经济组织

为了盘活集体和群众的闲置资产，把农户的个体利益与集体利益紧密结合起来，袁家村实施无物不股、无人不股、无事不股。袁家村对集体资产进行股份制改造，集体保留38%，其余62%的股权量化到户，加入集体经济组织的成员都可以持股。旅游公司、农民专业合作社、个体工商户等经营主体可以自主选择入股的店铺，也可以互相持股。农民专业合作社在招股的过程中，遵循全民参与、自愿入股、照顾小户、限制大户的原则。以产权同享为核心，所有入股农户与集体经济组织共进退、同发展，这极大地促进了生产要素的自由流动，实现了村集体与农户个体的均衡发展。

在管理上，村民委员会牵头，组建村庄管理公司和多个行业协会，包括农家乐协会、小吃街协会、酒吧街协会。协会成员由商户推选，为协会提供义务服务。

（3）实现产业融合，不断提档升级

袁家村不走传统的由一产向二产和三产拓展的路子，而探索出以三产带二产促一产、"三产"融合发展的路径。从发展旅游业开始，袁家村不断推动第三产业快速发展，以第三产业促进手工作坊的兴盛，形成了"前店后厂"。企业不断转型升级，带动第二产业发展壮大，进而增大了人们对优质农副产品的需求，扩大了第一产业的规模。由此，袁家村构建了相容共生、互补兼顾、层次递进的村集体经济可持续发展的闭

环产业链和成熟商业模式。目前，袁家村还大力推动农副产品在线上和线下渠道销售，以培育发展新动能。

（4）推进产权共有和三股改革

袁家村的股份由基本股、交叉股、调节股构成。

①基本股。每股每年分红 4 万元。基本股只有加入集体经济组织的成员才能持有，缺少资金的农户可以每亩土地折价 4 万元的形式入股。

②交叉股。旅游公司、农民专业合作社、个体工商户相互持有股份，可自主选择入股店铺。

③调节股。袁家村遵循全民参与、自愿入股、照顾小户、限制大户的原则，实现了所有权、经营权、收益权的高度统一。

7.3.3 以泰山村为代表的村集体与社会资本共同撬动模式

7.3.3.1 地理坐标

泰山村位于河南省郑州市南大学城龙湖镇境内，距郑州市城区 20 千米，距新郑国际机场 30 千米。

7.3.3.2 村庄规模

泰山村占地面积 5 000 亩，辖 9 个自然村，现有村民 1 900 余人。

7.3.3.3 开发主体

泰山村村民委员会作为开发主体，成立了村集体开发组织，共同打造郑州市首届十佳地标打卡地之一——千稼集景区。

7.3.3.4 开发理念

泰山村结合黄帝文化底蕴深厚的优势，以林业立村、生态富村、旅游活村、文化强村的思路发展乡村特色旅游。2007 年，在外经商多年的乔宗旺回到泰山村担任党支部书记。他带领村民不等不靠，利用紧靠郑州市的区位优势，借助黄帝文化的品牌优势，按照"一村一品、一村一景、一村一产业"的方案，将泰山村打造成特色旅游村。

7.3.3.5　获得荣誉

泰山村先后荣获全国"一村一品"示范村、中国乡村旅游模范村、全国生态文化村、河南省最美乡村、河南省文明村、河南省生态村、河南省特色旅游村等 30 余项荣誉称号。泰山村每年接待游客数量超 300 万人次，持续带动本地及周边村民就业。

7.3.3.6　产业规划

（1）引进国内知名旅游公司，发展文旅产业

泰山村引进河南千稼集农业旅游观光有限公司。两者合作，建设了千稼集景区，按照"原味乡村""民国风情""激情岁月"三大主题，布局乡村农耕文化、民俗特色小吃、民间艺术表演、休闲游乐体验、主题情景客栈、绿色有机农场六大产品业态，形成地方名小吃、农副产品、茶馆戏台、文创产品、主题客栈、民俗演出、情景演艺、儿童娱乐、竞技游戏和创意农场采摘等多元主题业态，供游客体验浓郁深厚的中原文化和乡土乡情。

（2）打造万亩高效农业产业园，夯实产业基础

泰山村与河南千稼集农业旅游观光有限公司采用合作经营的方式打造万亩高效农业产业园，通过集中耕作、精细化管理，生产绿色有机杂粮和蔬菜，实现统一配给，从源头上保证食品的质量。游客还可以购买纯天然的土特产品，充分享受好看、好吃、好玩、好游、好住、好购、好心情的"七好"快乐体验之旅。

（3）规划新型养老产业，形成乡村养老典范

2016 年，泰山村开始建设可安置 5 000 名老人的乡村养老项目，打造城市老人到乡村寄家养老的特色示范村。城市老人到泰山村寄家养老，既能有回家的感觉，又能呼吸新鲜空气、品尝有机食品，还能享受护工的细心照料和社区医养服务中心的科学健康管理。

（4）发展培训产业，建立农村党员干部学习教育培训基地

泰山村每年承接各项培训，人数达 20 多万人次。泰山村有大中小型会议室 8 个，有高空培训装置 2 座，高空攀岩墙 1 座，地面培训设施如逃生墙、背摔台等多处。泰山村先后被郑州市教育局指定为郑州市中小学校外活动教育基地，被郑州市人民政府确定为青少年社会实践基地，被郑州大学、河南开封科技传媒学院等大专院校确立为大学生社会实践基地，被新郑市人民政府指定为新郑市党员干部学习教育培训基地。

7.3.3.7　运作模式

千稼集景区的店铺对外招商。河南千稼集农业旅游观光有限公司为商户免租金、免物业费、免管理费、免营销费，并提供统一采购的食材。商户获得的收入在扣除食材的成本后由双方五五分成。商户承担人力成本、水电气开销，河南千稼集农业旅游观光有限公司承担推广费用。

河南千稼集农业旅游观光有限公司建立了配送中心，商户成立了商户委员会，对配送中心的采购、运输等业务进行监督，经营风险由公司承担。在这里经营的商户坚持"一店一品"，不重复布局，避免恶性竞争。

泰山村深挖文化内涵，通过优良的生态和优质的服务，把乡村文化及绿水青山变成经济效益和社会效益，探索出一条独具特色的可持续发展道路。

7.3.4　以中郝峪村为代表的综合发展模式

7.3.4.1　地理坐标

中郝峪村位于山东省淄博市博山区池上镇，地处山区，距淄博市城区 70 多千米。

7.3.4.2　开发主体

2013年，中郝峪村完成集体产权制度改革，实现了资源变资产、现金变股金、村民变股民。该村将山林、土地、农田等的经营权作为股权，成立了淄博博山幽幽谷旅游开发有限公司。该公司负责对全村的经营性项目进行规划设计、统筹管理，并统一进行利益分配，同时代表村集体和村民开展对外合作。

7.3.4.3　开发理念

中郝峪村坚持以农民为主体、让农民共同富裕的理念，探索形成"公司+项目+村民入股"的综合性发展模式，实现人人是股东、户户当老板，休闲农业与乡村旅游一体化发展。

7.3.4.4　所获荣誉

中郝峪村把乡村旅游业作为美丽乡村建设的主导产业，将农旅融合、商旅融合作为重点，做到步步规范、事事创新，不断探索发展乡村旅游的新路子，先后获得全国休闲农业与乡村旅游示范点、中国乡村旅游模范村、山东省乡村旅游示范村、好客山东最美乡村、乡村研学旅游目的地等荣誉称号。2020年，中郝峪村全年接待游客25.6万人次，全村综合性收入达到3 800万元，村民人均年收入从2003年的不足2 000元增加到5万元。

7.3.4.5　产业规划

（1）大力发展乡村养老产业

中郝峪村的森林覆盖率达96%，夏季的平均气温低于26℃。中郝峪村依托生态优势，大力发展乡村养老产业，改造康养住宅，建立无障碍老年活动中心，提供医疗咨询、休养康复、农耕体验等服务，形成集居住、养老、休闲、康复、医疗等功能于一体的新产业。中郝峪村因此获得全国森林康养示范基地等荣誉称号。

（2）大力发展乡村民宿度假产业

村集体有偿收回村内的多间闲置房屋并重新进行规划设计，在外部凸显山村风貌，在内部注重宜居舒适，以用于发展乡村民宿产业。中郝峪村对全村妇女进行家政服务培训，要求每座民宿院落配有一名管家，管家须持证上岗。中郝峪村制定民宿管理服务标准并严格落实，让游客感受到家一般的温暖。

7.3.4.6 运作模式

中郝峪村以发展休闲农业和乡村旅游为重点，推动农产品生产、餐饮服务、医疗咨询、教育培训等有机结合，着力于整治村容村貌、修复生态及建设农民专业合作社，同时对集体资产进行股份制改革，鼓励村民以山林、土地、农田等入股。

淄博博山幽幽谷旅游开发有限公司对村子进行统一开发、运营、管理和推广。村民入股公司，与公司形成运营合力。这一方面解决了中郝峪村的项目建设、品牌推广等问题，另一方面带动了村民为实现共同富裕而奋斗。公司统一安排客户，村民只需做好服务工作，而不得擅自接待客户。村庄内的所有项目由公司统一制定价格、统一收费。

7.3.5 以竹泉村为代表的外部资金撬动模式

7.3.5.1 地理坐标

竹泉村位于山东省临沂市沂南县铜井镇，距离临沂市城区约 65 千米，约 1.5 小时车程。

7.3.5.2 村庄规模

竹泉村有凤凰迎宾区、三分乐土区、田园闹市区、梅竹幽境区等景点。

7.3.5.3 开发主体

2007 年，山东龙腾竹泉旅游发展集团有限公司决定独资开发竹泉村，并投资上亿元进行整体打造。

7.3.5.4 开发理念

竹泉村在开发之初，遵循先保护、后开发的原则，确定了建设新村、搬空古村的"一古一新"理念："古"指最大限度地保留古村原有风貌，增强旅游吸引力；"新"指按照乡村振兴战略的要求，结合居民的现代生活需求安置村民。

竹泉村以古村的生态环境和民俗文化为资源优势，打造沂蒙特色显著、泉乡个性凸显、竹乡景观诱人、农家风情留人的，融体验、度假、休闲和观光功能于一体的综合性旅居目的地。

7.3.5.5 所获荣誉

竹泉村于2016年被住房和城乡建设部等部门列入第四批中国传统村落名录公示名单。2019年游客人数达到150万人次，直接旅游收入近亿元。村民通过开设农家乐、制作旅游商品、去景区务工，每年实现人均收入超过3万元。

7.3.5.6 产业规划

（1）发展乡村生态旅游业，促进村庄发展

竹泉村利用世外桃源般的美景和独特的沂蒙乡村文化发展乡村生态旅游业，引导传统的农耕业逐步向具有农业观光、农事体验、农居度假等功能的，高附加值的乡村旅游业转变。

（2）培育特色文化村，打造村庄品牌

竹泉村编制古村落保护及开发规划，强化村庄保护。在充分挖掘和保护古村落民居、古树名木和民俗文化等基础上，美化村庄人居环境。坚持传承农耕文化、山水文化及人居文化，打造弘扬农村生态文化的重要基地。

（3）发挥示范带动作用，进一步促进当地经济发展

竹泉村充分利用各类营销宣传渠道，推动生态文明建设，为当地村

民寻求新的收入增长点，助推地方经济发展。

7.3.5.7 运作模式

（1）坚持政府指导、市场运作与村民自主发展有机结合

竹泉村的开发主体是企业，这决定了市场主导是首要，即开发、经营和管理均采取市场化运作的方式。县、镇两级政府分别成立旅游开发建设指挥部，出台扶持政策，协调处理各方关系，消除制约因素。

（2）规划先行，统筹兼顾，做好景区的开发建设工作

竹泉村秉承保护性开发的原则，高起点规划，将保护生态和挖掘地方历史文化内涵作为规划的重点，坚持在传承中发扬、在保护中开发，建成新旧两个村落，使得景观相互映衬、功能互为补充，形成多方互利共赢的局面。

（3）因地制宜，打造发展新模式

利用竹林、泉水等资源优势，竹泉村推进"一古一新"两个村落协调发展。古村保留原有风貌，打造成为休闲接待旅游目的地；新村按照现代生活需求，为村民提供宽敞舒适的居住环境。村民利用宅院，发挥专长，围绕古村做生意。两个村落和谐共生，村民安居乐业。这种超前的规划理念、新颖的产品设计、多赢的开发方式被称为外部资金撬动模式。

（4）以人为本，生产、生活、生态和谐发展

一是居住环境得到改善。新村按照高标准进行规划设计，对生活用电用水、路灯、路面、水冲厕所等设施进行统一建设，并栽植树木，达到规划合理、环境整洁、配套完善的目的。

二是生态环境得到保护。竹泉村对控制区的地下水开采、矿产资源利用、植被保护等进行严格管理。村内竹林面积逐步扩大，竹子品种逐年增多，原有的臭水沟变成绿柳垂荫、鱼虾戏水的景观河道。

三是村民素质得到提高。游客带来了新信息，改变了村民的固有观

念。日益增多的城市游客使村民剩余的农副产品成为商品，这不仅增强了村民的经商意识，更增强了村民根据社会需求生产商品的意识。

四是就业状况得到改善。为了开发建设景区，竹泉村对规划区内的土地采取租赁手段，使村民有了旱涝保收的土地收入。同时，景区建设和管理需要大量劳动力，于是一大部分村民有了新的收入来源。景区的经营带动了周边特别是新村的第三产业，如零售业、餐饮业等的发展。

（5）保障项目投入，推进制度建设

山东龙滕竹泉旅游发展集团有限公司打造涵盖农村基础设施建设标准体系、环境提升标准体系、服务保障标准体系、产业经营标准体系和公共服务标准体系的美丽乡村建设标准体系，每年安排专项资金、争取财政资金，为美丽乡村建设提供充足保障，力求将竹泉村打造成旅游精品示范村。

7.3.6 以乌村为代表的一价全包精品民宿度假模式

7.3.6.1 地理坐标

乌村位于浙江省嘉兴市桐乡市乌镇内，距西栅历史街区北侧 500米，紧靠京杭大运河。

7.3.6.2 开发主体

乌村由桐乡乌镇古镇联盟景区建设管理咨询有限公司规划、设计，由乌镇旅游股份有限公司投资和管理。

7.3.6.3 开发理念

两家公司借鉴国际度假理念，按照"体验式的精品农庄"定位进行开发，强调在对乡村进行系统保护的基础上，营造典型的江南水乡生活氛围。两家公司围绕江南农耕村落的特点，完善酒店、民宿等配套服务设施，将乌村定位为高端乡村旅游度假区，使其与西栅历史街区互补。

7.3.6.4　所获荣誉

乌村自 2016 年试营业起，吸引了无数媒体和游客的眼球，近年来更是发展迅速。目前年游客接待量超过 800 万人次。乌村已成为能代表中国乡村旅游开发最高水准的景点。

7.3.6.5　产业规划

乌村围绕江南农耕村落的特点，布局农副产品种植加工区、农事活动体验区、知青文化区、船文化区四大板块，完善食、住、行、游、购、娱等方面的旅游接待服务设施，成为乌镇的新型旅游度假景区。

（1）餐饮

乌村的餐馆大多采用健康的"一小时"蔬菜，严格按照当餐到达、当餐使用的原则，形成从采摘到上菜"一小时"的特色。

（2）民宿

乌村将民宿划分为不同单元，分别是渔家、磨坊、酒巷、竹屋、米仓、桃园等，单元名称与主题定位来源于村庄以前的生产小队，如渔家就是根据人民公社化时期渔业生产小队的生活元素命名的。

（3）娱乐

乌村提供蔬菜采摘、农耕体验、民俗展演、酒吧休闲、帐篷露营等活动。

7.3.6.6　运作模式

（1）一价全包的套餐式体验模式

乌村改变传统的经营方式，引入一价全包的套餐式体验模式，打造了融食、住、行、游、购、娱活动于一体的一站式乡村休闲度假项目，即打包食住行和免费体验项目，以集中销售。依托景区的独特资源优势，全村实行封闭式管理，通过高价门票限制人流。游客只需购买一张门票，就能享受全部服务。

（2）设置首席礼宾官（CCO）

这是乌村运营的另一大特色。CCO，即为游客提供面对面的近距离综合服务，使游客提升旅游体验，集景区导游和活动指导等服务于一身的首席礼宾官。CCO 的特色服务以引导游客体验民俗活动为主。

7.3.7 以鲁家村为代表的田园综合体模式

7.3.7.1 地理坐标

鲁家村位于浙江省湖州市安吉县递铺街道，距离杭州市约 90 千米，车程约 1 小时。

7.3.7.2 村庄规模

鲁家村占地 16.7 平方千米，辖 13 个自然村、16 个村民小组。

7.3.7.3 开发主体

鲁家村引进安吉县浙北灵峰旅游有限公司（以下简称"灵峰旅游"），组建安吉乡土旅游管理服务有限公司。其中，灵峰旅游占股 51%，鲁家村占股 49%，实现村集体资产的首轮价值转换。村民成为股民，安吉乡土旅游管理服务有限公司成为鲁家村的开发主体。

7.3.7.4 开发理念

鲁家村强化统筹规划，于 2013 年花费 300 万元高标准制定村庄发展规划并进行招商。灵峰旅游看中鲁家村的美好发展前景，和鲁家村形成了公司+村集体+家庭农场的经济发展模式，启动建设全国首个家庭农场集聚区，将田园综合体有农有牧、有景有致、有山有水的独特魅力呈现给世人。村集体将财政资金转化为股本金，遵循统分结合、双层经营的理念，把集体经济的优越性和家庭经营的积极性紧密结合在一起。

7.3.7.5 所获荣誉

鲁家村先后荣获全国乡村振兴示范村、全国十佳小康村、全国农村优秀学习型组织、中国十大乡村振兴示范村、2018 年度中国乡村振兴先锋十大榜样、国际旅游名村联盟单位等荣誉称号。2018 年，鲁家村代表浙江省领取了联合国颁发的环境方面的最高荣誉——联合国"地球卫士奖"中的"激励与行动奖"，书写了乡村振兴的绿色奇迹，形成了发展乡村旅游的"鲁家模式"。休闲农业与乡村旅游融合发展使得鲁家村的集体资产在 2022 年年底达到 2.9 亿元，全村人均纯收入达到5.12 万元，鲁家村因此成为远近闻名的小康村。

7.3.7.6　产业规划

在美丽乡村建设的基础上，鲁家村不断促进一二三产业融合发展。

（1）农业

鲁家村分布着 18 个农场，即位于村中心的 1 个核心农场和散落在核心农场周边的 17 个农场。每个农场都以产业为支撑进行运营，且产业各不相同，这些农场分别是竹园农场、蔬菜农场、高山牧场、葡萄农场、红山楂农场、野山茶农场、中药农场、鲜花农场、水果农场、养羊农场、养鸡农场、养鱼农场、香菇农场、珍稀树种农场、野冬笋农场、铁皮石斛农场、精宜木作农场、香草园农场。

（2）旅游业

为巩固发展成果，实现差异化、多元化、互补式发展，不断增强核心竞争力，鲁家村针对乡村旅游业态不够丰富、景区设施老化、农场档次不高等短板，加速推进夜游经济、研学营地、农耕乐园等项目建设，持续打造新业态。例如，鲁家村在 2021 年推出云漂鲁家、夜游鲁家等网红打卡点。

7.3.7.7　运作模式

2017 年的中央一号文件首次提出"田园综合体"。随后，财政部下发文件《关于开展田园综合体建设试点工作的通知》。同年，鲁家村作为 15 个首批国家级田园综合体试点项目之一进入大众视野，成为"明星村"。

如今，鲁家村村民的收入主要分为四大板块：景区提供的就业薪酬、村集体分红、土地流转的租金及村民的自主经营收入。鲁家村建立了一套完整的利益分配机制，使得村集体、旅游公司、家庭农场主和村民都能从中获得相应的收益，调动了各方的积极性。鲁家村还建立了合作分红机制，由村集体、旅游公司、家庭农场主按照约定比例共享收益，村民再从村集体收益中获得分红。

7.3.8 以舍烹村为代表的"三变"模式

7.3.8.1 地理坐标

舍烹村位于贵州省六盘水市盘州市普古彝族苗族乡，距离六盘水市城区 120 千米，车程约 2 小时。

7.3.8.2 村庄规模

舍烹村的总面积为 9 255 亩，其中，林业用地面积为 3 401 亩，森林覆盖率达 28.98%。

7.3.8.3 开发理念

舍烹村结合旅游资源，实施产业富村、商贸活村、生态立村、旅游兴村、科技强村的发展战略，力争建成百姓富、生态美的乡村发展示范区，同时达到促进农业产业结构调整的目的。

7.3.8.4 所获荣誉

舍烹村曾获得贵州省同步小康创建最佳示范村、第四届全国文明村等荣誉称号，入选 2019 年中国美丽休闲乡村名单、2020 年第二批全国乡村旅游重点村名单、2021 年全国 100 个乡村旅游扶贫示范案例。舍烹村的人均纯收入从 2012 年的不足 4 000 元提高到 2021 年的 20 000 元。

7.3.8.5 产业规划

舍烹村大力发展农业休闲旅游，对种植的作物除注重其本身的生态价值、经济价值外，还充分挖掘其科普价值、观赏价值和旅游价值。舍烹村在果园农田中建设休闲栈道、观景平台等设施；在闲置土地上建设农耕文化园、百草园、百花园、现代农业科技展示园，提升农业产业的观赏性、体验性、科普性，实现旅游与农业的深度融合。

7.3.8.6 运作模式

舍烹村是"三变"（资源变资产、资金变股金、农民变股东）模式的发源地。

通过成立农民专业合作社和旅游开发公司，舍烹村及周边村的荒山、河流、洞穴、森林、水域、河滩、土地等被量化成集体资产。舍烹村整合闲散资金和财政资金，使其变成村集体的股金，农民从而变成农民专业合作社的股东。舍烹村利用绝美的自然风光、特殊的地质地貌、良好的生态环境和舒适的区域气候等优势，大力发展山地农业、山地旅游业和大健康产业。

舍烹村因地制宜发展村级经济，完善配套服务设施，采取现金奖励的方式，鼓励群众积极开设农家旅馆、农家饭店，开展特色种植养殖，激发了群众的创业热情。

通过"三变"模式，舍烹村成立了村集体经济组织，并引导外部企业、当地群众积极参加，走出了一条不同于其他地区的新道路，实现了产业转型升级。

7.3.9 以莫干山镇为代表的民宿发展模式

7.3.9.1 地理坐标

莫干山镇位于浙江省湖州市德清县境内，距离杭州市70千米，车程约1小时。

7.3.9.2 开发理念

莫干山镇以民宿为基础构建多层次的产业体系，通过政策扶持、外资引进、人才利用打造特色小镇。

7.3.9.3 所获荣誉

莫干山镇先后获得国家 4A 级旅游景区、国家级风景名胜区、国家森林公园、全国第一批特色小镇、全国美丽宜居小镇等荣誉称号。2015年，莫干山镇的精品民宿实现直接营业收入 3.5 亿元；2021 年，实现直接营业收入超过 10 亿元。

7.3.9.4 产业规划

（1）民宿产业

莫干山镇发展多元化的民宿产业，形成了全国民宿产业高地，经历了外来人群投资、本地居民投资、政府引导投资三个发展阶段。为引导民宿产业规范发展，德清县于 2015 年出台乡村民宿服务质量等级划分与评定标准，将民宿划分为精品民宿、优品民宿和标准民宿三类。在民宿管理上，德清县于 2015 年出台民宿管理办法，对消防、污染、安全防护、接待设施等方面进行规定，加强对民宿的指导和引导；成立民宿发展协调领导小组，对民宿经营进行监督检查。在土地政策上，莫干山镇鼓励当地居民出让房屋及土地，从而减少土地浪费。

（2）旅游产业

莫干山镇挖掘本地及周边资源，按照康体健身和休闲体验的主题打造全域旅游，如建设户外生态运动基地、莫干山国家登山健身步道。莫干山镇串联周边资源，实现山上山下联动发展；出资对街道进行民国风格改造，植入老式照相馆、布鞋馆、老酒馆、咖啡馆等怀旧风格的业态，建造了小型博物馆、虚拟现实（VR）体验馆、复古钟楼等。此外，莫干山镇通过举办音乐节、国际自行车赛事、山地自行车越野竞赛等活动提升知名度，打造国际休闲旅游品牌。

（3）农业产业

莫干山镇利用良好的生态环境推进当地农业发展，构建循环农业生产系统；挑选高品质有机农产品，一部分向外输出，用于提供宅配服务，另一部分用于售卖和二次加工，实现在地营销；开辟部分景观农田，开展农业体验活动；向外输出多余产品，形成可持续发展模式。

（4）文创产业

莫干山镇依托深厚的人文历史底蕴，引导文化创意产业发展，建设庾村 1932 创意产业园、改造蚕种场文化集镇，引入展览馆、设计工作室、主题餐饮酒店等业态，打造兼具文化内涵和复古气息的设计创业项目，展售当地的手工艺品。莫干山镇规划建设影视文化创意园区，打造青年电影人的创客基地，举办电影节，形成国际性电影大赛的颁奖基地。莫干山镇大力发展体育竞技、极限拓展等业态，成为全国知名的户外运动目的地。

7.3.9.5　运作模式

莫干山镇充分发挥地处长三角城市群的优势，以民宿产业为先导，带动乡村旅游高质量发展。莫干山风景区的民宿作为乡村旅游的高级形态和中国民宿产业发展的领头羊，依托大城市的巨大人流和较强消费能力而取得成功。通过莫干山镇的示范带动，全国各地掀起"民宿热"。尤其是在全面推进乡村振兴的背景下，民宿业已经成为带动乡村发展的特色先导产业。

参考文献

［1］中共中央马克思恩格斯列宁斯大林著作编译局. 马克思恩格斯选集［M］. 北京：人民出版社，1995.

［2］列宁. 列宁全集［M］. 2版. 北京：人民出版社，2017.

［3］中共中央马克思恩格斯列宁斯大林著作编译局. 列宁专题文集：论无产阶级政党［M］. 北京：人民出版社，2009.

［4］毛泽东. 毛泽东文集［M］. 北京：人民出版社，1999.

［5］毛泽东. 毛泽东选集［M］. 北京：人民出版社，1991.

［6］邓小平. 邓小平文选［M］. 北京：人民出版社，1993.

［7］江泽民. 论社会主义市场经济［M］. 北京：中央文献出版社，2006.

［8］胡锦涛. 高举中国特色社会主义伟大旗帜 为夺取全面建设小康社会新胜利而奋斗［M］. 北京：人民出版社，2007.

［9］习近平. 干在实处走在前列：推进浙江新发展的思考与实践［M］. 北京：中共中央党校出版社，2006.

［10］习近平. 之江新语［M］. 杭州：浙江人民出版社，2013.

［11］习近平. 摆脱贫困［M］. 福州：福建人民出版社，2014.

［12］习近平. 习近平总书记系列重要讲话读本［M］. 北京：人民出版社，2014.

［13］习近平. 习近平谈治国理政［M］. 北京：外文出版社，2014.

［14］习近平. 知之深爱之切［M］. 石家庄：河北人民出版社，2015.

［15］习近平. 习近平谈治国理政：第二卷［M］. 北京：外文出版社，2017.

［16］中共中央，国务院. 乡村振兴战略规划（2018—2022年）［M］. 北京：人民出版社，2018.

［17］中共中央，国务院. 中共中央 国务院关于实施乡村振兴战略的意见［M］. 北京：人民出版社，2018.

［18］中共中央文献研究室. 十六大以来重要文献选编（中）［M］. 北京：中央文献出版社，2006.

［19］中共中央文献研究室. 十八大以来重要文献选编（上）［M］. 北京：中央文献出版社，2014.

［20］亚当·斯密. 国民财富的性质和原因的研究（上卷）［M］. 郭大力，王亚南，译. 北京：商务印书馆，2005.

［21］陈锡文. 走中国特色社会主义乡村振兴道路［M］. 北京：中国社会科学出版社，2019.

［22］白雪秋，聂志红，黄俊立. 乡村振兴与中国特色城乡融合发展［M］. 北京：国家行政学院出版社，2018.

［23］童禅福. 走进新时代的乡村振兴道路：中国"三农"调查［M］. 北京：人民出版社，2018.

［24］顾海良. 马克思主义发展史［M］. 北京：中国人民大学出版社，2009.

［25］谭首彰. 毛泽东与中国农业现代化［M］. 长沙：湖南大学出

版社，2009.

［26］韩俊，刘振伟. 邓小平农业思想论［M］. 太原：山西人民出版社，2000.

［27］卜凯. 中国农家经济［M］. 太原：山西人民出版社，2015.

［28］黄宗智. 华北的小农经济与社会变迁：中国乡村社会研究丛书［M］. 北京：中华书局，2000.

［29］罗斌. 我国乡村旅游发展模式研究［J］. 中国市场，2021（16）：33-39.

［30］张健，董丽媛，华国梅. 我国乡村旅游资源评价研究综述［J］. 中国农业资源与区划，2017，38（10）：19-24.

［31］吴颖林. 乡村旅游发展模式比较研究［J］. 合作经济与科技，2019（9）：38-41.

［32］舒伯阳，蒋月华，刘娟. 新时代乡村旅游高质量发展的理论思考及实践路径［J］. 华中师范大学学报（自然科学版），2022，56（1）：73-82.

［33］朱嘉晓，刘嘉欢，赵晓宜，等. 新时代乡村旅游业与乡村振兴融合发展途径［J］. 农村经济与科技，2021，32（10）：35-37.

［34］黄震方，张圆刚，贾文通，等. 中国乡村旅游研究历程与新时代发展趋向［J］. 自然资源学报，2021，36（9）：2615-2633.

［35］中华人民共和国文化和旅游部. 体验脱贫攻坚·助力乡村振兴 全国乡村旅游扶贫示范案例［EB/OL］.（2021-11-18）［2023-01-01］. https://zhuanti.mct.gov.cn/experience2. html.

［36］搜狐网. 全球10个发达国家乡村振兴模式案例，告诉你乡村振兴怎么搞？［EB/OL］.（2021-11-01）［2023-01-01］.https://www.sohu.com/a/498591457_121123886.

［37］乡村振兴网.中国乡村发展历史演变［EB/OL］.（2021-02-08）［2023-01-01］.http://www.zgxczx.cn/content_14961.html.

［38］黄亚鹏.乡村振兴战略的发展历程和现实意义［J］.经济管理，2019（2）：328-329.

［39］唐继刚.乡村振兴背景下乡村旅游的创新发展［N］.中国旅游报，2021-08-09（2）.